MYTHOS MARTHA

STIFTUNG MARTHAHAUS HALLE

Norbert Kreis (Herausgeber)

MYTHOS MARTHA

Zur Darstellung der Martha in der bildenden Kunst

EVANGELISCHE VERLAGSANSTALT
Leipzig

Die Deutsche Nationalbibliothek verzeichnet diese Publikation in der Deutschen Nationalbibliographie; detaillierte bibliographische Daten sind im Internet über http://dnb.dnb.de abrufbar.

Printed in Germany

Das Buch wurde auf alterungsbeständigem Papier gedruckt.

Bei Fragen zur Produktsicherheit wenden Sie sich bitte an
info@eva-leipzig.de.

Gesamtgestaltung: Mario Moths, Marl
Druck und Binden: BELTZ Grafische Betriebe GmbH, Bad Langensalza
Coverbild: © James He Qi (www.heqiart.com)

ISBN 978-3-374-07963-6
www.eva-leipzig.de

INHALT

Arbeit am Martha-Mythos

Die biblische Geschichte von Martha und Maria inspiriert Künstlerinnen und Künstler seit Jahrhunderten und tut dies bis heute. Dabei scheint eine spezielle Szene aus dem Lukasevangelium besonderen Reiz auf die bildende Kunst auszuüben: Die beiden Schwestern treten als Gastgeberinnen auf, wobei sie zwei scharf gegeneinander abgegrenzte Rollen einnehmen. Die daraus resultierende Dreieckskonstellation aus Gast, Bewirtender und Gesprächspartnerin eignet sich offenbar besonders gut als Grundlage für die bildnerische Umsetzung.

Bilder erzählen und schaffen Wirklichkeit. Sie können eine berichtete oder geschriebene Geschichte illustrieren, ein besonderes Ereignis abbilden, einen historischen Moment etwa, eine Person, eine Stimmung, einen Vorgang. Das Bild übersetzt aus einer Textform, z. B. der sprachlich-schriftlichen, in eine andere, visuelle, farbige, kontrastierende – jedenfalls unsprachliche. Dabei ist der künstlerische Übersetzungsvorgang mehr als lediglich Abbildung – er fügt hinzu, lässt weg, impliziert neue Interpretationen, schafft neue Wirklichkeit.

Ausgesprochen spannungsreich erscheint das Verhältnis zwischen sprachlicher Textgrundlage und künstlerischer Bildwirklichkeit in den Darstellungen der biblischen Martha-Figur. Auf den ersten Blick illustrieren und interpretieren die meisten Darstellungen das Bild einer Martha als sorgender und sich kümmernder Hausfrau. Dem entspricht die gängige symbolische Verknüpfung: Martha = Hauswirtschafterin, Köchin, Dienende. Tief sitzt das abwertende Urteil über Martha, die im Vergleich mit der Schwester Maria den schlechteren Teil erwischt hat. Doch Bilder „von etwas“ entstehen immer in einem historischen Umfeld, in einer bestimmten Zeit, oft im Auftrag. Sie transportieren eine Botschaft, können akzentuieren, hervorheben, weglassen. Bei vielen historischen Darstellungen fällt auf, dass sie überwiegend auf die hauswirtschaftlich-praktische Dienstbarkeit der Martha fokussieren und sie in Gegensatz zur intellektuellen Kompetenz ihrer Schwester Maria stellen. Solche Martha-Bilder und Erzählungen haben das Denken, die Vorstellungen und Assoziationen, die mit „der Martha“ verbunden sind, nachhaltig beeinflusst. Wenn sie die hauswirtschaftlich attribuierte Martha der intellektuellen Maria polarisierend entgegenstellen, können sie auch als Teil der Produktion eines einseitigen Martha-Mythos gelesen werden. Dieses einschlägig gewordene Martha-Bild erhebt Anspruch auf Wahrheit und Geltung – dieser Anspruch ist der Charakter eines Mythos. Beginnt man, am Mythos zu kratzen, riskiert man einerseits zwar den Verlust dieser Gewissheit. Andererseits kann die Arbeit am Mythos neue Freiheiten eröffnen, einseitige Zuschreibungen korrigieren und neue Lesarten kreieren.

In den Gründungsmythen der Marthahäuser im deutschen Sprachraum des 19. Jahrhunderts findet sich jedenfalls die ausdrückliche Betonung des Dienstbarkeitsmotivs: Die Marthahäuser verstanden sich als „Einrichtung des Erlernens und Ausübens von hauswirtschaftlichen und dienenden Tätigkeiten für einfache Mädchen" oder als „Anstalt zur Entwicklung der Tugenden unter den weiblichen Dienstboten".

Heute gibt es in Deutschland, Österreich und der Schweiz mehr als zwanzig Einrichtungen, die den Namen Martha tragen, wobei die damit implizierte Programmatik vor Ort nicht zwingend bewusst sein muss. Marthahäuser sind heute meist soziale Einrichtungen, teilweise Hotels, selten beides. Mit der inhaltlichen Implikation des Namens Martha aus den Gründungszeiten vor über hundert Jahren hätten diese, vielfach von engagierten Leiterinnen und Managerinnen geführten Betriebe jedenfalls ein sattes Problem. Ein guter Grund, alte und neue Martha-Bilder einmal genauer zu betrachten.

Dieses Heft entstand im Umfeld der Stiftung Marthahaus in Halle (Saale). Hier entdecken wir in inhaltlicher Auseinandersetzung mit Geschichte und dem Stiftungsnamen immer wieder neue Lesarten des Martha-Mythos, und zwar auch solche, die den statutarischen Gründungsgedanken erweitern, erneuern, auch korrigieren.

Unter den alten und neueren Kunstwerken dieses Buches finden sich solche, die den klassischen Martha-Mythos betonen, als auch ganz andere Lesarten und Akzentuierungen: Da gibt es die Martha als Engagierte, Moderne, Mutige oder Einladende. Den Bildern sind assoziative, persönliche oder kommentierende Texte von Menschen in und um das Marthahaus zur Seite gestellt. Damit ist dies keinesfalls ein wissenschaftliches Buch, es erhebt in der Bildauswahl auch keinerlei Anspruch auf Repräsentativität oder kunstkritische Professionalität. Wir haben auch der Versuchung widerstanden, eine Systematik in die Gliederung der Beiträge und Bilder zu bringen, sodass eine eher zufällige und bunte Mischung entstanden ist. Die kleinen Kommentare wurden von Menschen verfasst, die im Marthahaus wohnen oder arbeiten, ihm nahestehen und die ein Interesse an den Martha-Bildern entdeckt haben.

Lassen Sie sich einladen zu diesem persönlich kommentierten Bilderbuch, welches auch als ein Stück Arbeit am Martha-Mythos betrachtet werden kann.

Norbert Kreis

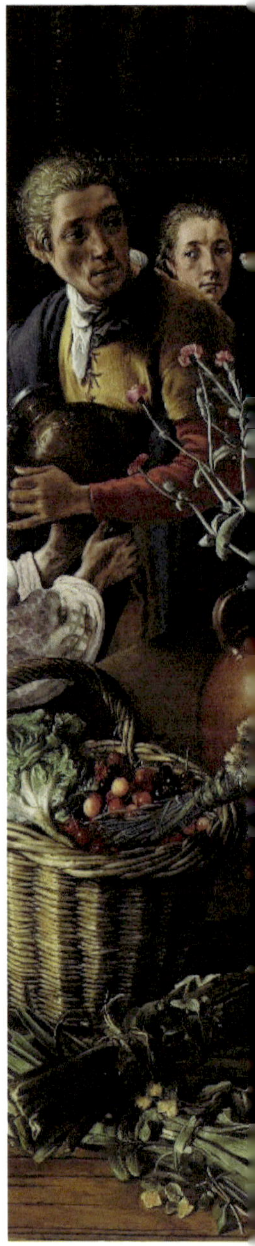

Peter Aertsen,
Festmahl im Hause des Lazarus (1553),
Ausschnitt

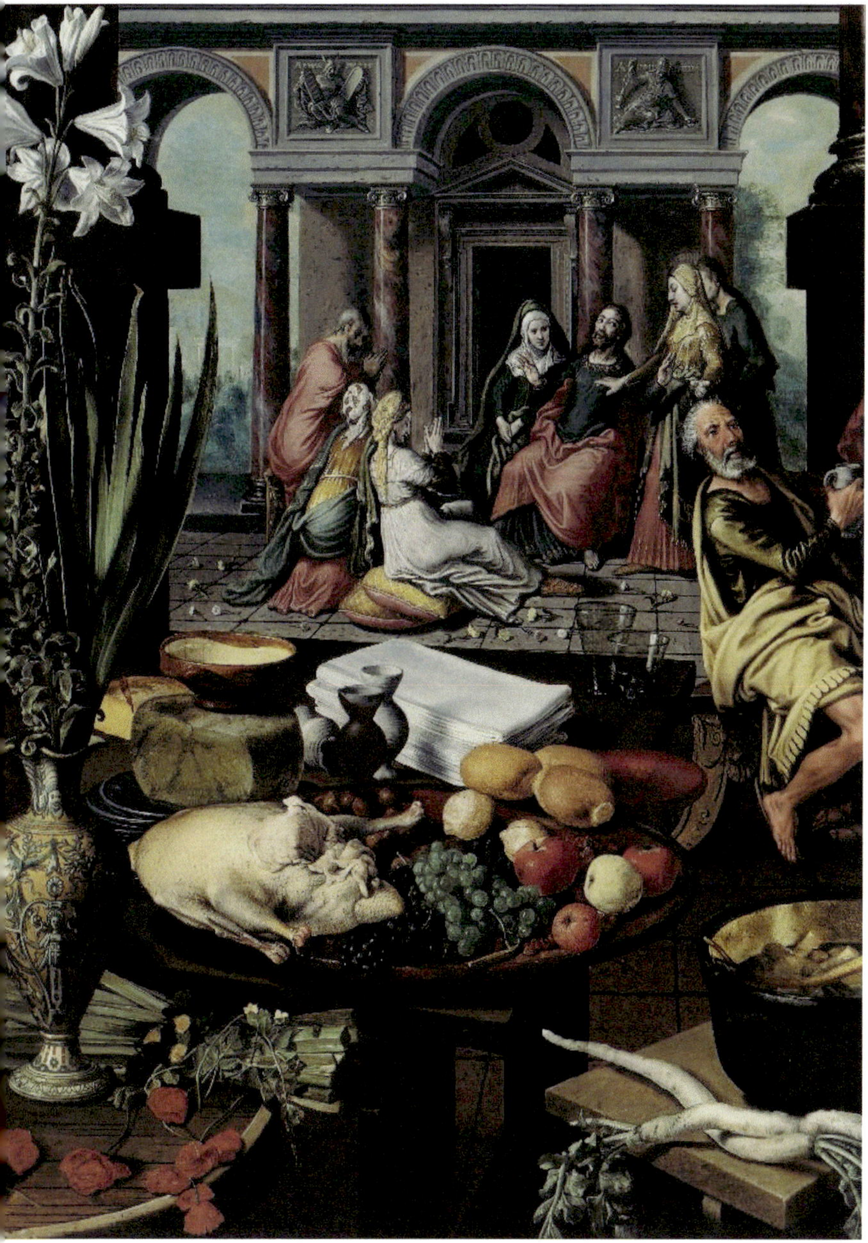

Das Festmahl

Schon im 16. Jahrhundert waren die Niederländer durch weiten Seehandel und sparsame Kaufleute zu Vermögen gekommen. Das wollte man dann auch zeigen. So malten die Künstler dieser Zeit üppige Stillleben und Genrebilder: Geschliffene Gläser, blinkende Metallgefäße, erlesene Speisen und seltene Blumen zierten so manches Wohnzimmerbild. Die Niederländer waren aber auch fromme Leute. So wurden denn biblische Themen mit hineinkonzipiert. So auch hier. Jesus kommt als Gast zu uns. Wie schön. Er besucht ja eigentlich seinen Freund Lazarus, aber auch auf uns, seine Schwestern Maria und Martha, fällt ein wenig Glanz und Freude ab.

Einen Gast zu versorgen, wird den beiden Frauen keine Sorgenfalten bereiten. Wo drei Menschen satt werden, werden auch vier satt. Nur, so war es wahrscheinlich nicht. Der Gast kam ja nicht allein. In den Evangelien wird uns anschaulich geschildert, dass Jesus immer von einer Schar von Männern und Frauen umgeben war, die ihn sehen und besonders auch hören wollten. Mindestens seine Jünger und wohl auch Jüngerinnen begleiteten ihn. Das bedeutet schon mehr Aufwand, sie alle zu versorgen. Da gibt es viel zu tun.

Nun sind sie alle da. So gehörte es sich: Man setzt sich in lockerer Runde und hört zu. Jesus redet in Himmelreichsgleichnissen. Immer fällt ihm dazu noch was ein. Das zieht sich. Maria rutscht unruhig auf ihrem Stuhl hin und her.

Sie weiß ja, dass Martha auf ihre Hilfe wartet. Aber einfach so aufstehen und gehen – das gehört sich doch nicht. Da greift Martha ein. Auf dem Bild ist deutlich zu erkennen, wie Martha Jesus anstößt. „Fragst du nicht danach …", wie ich die ganze Arbeit alleine schaffen soll? Vielleicht hat sie eher gesagt: Jetzt ist genug gepredigt! Ab und an muss auch mal wieder ein bisschen gearbeitet werden.

Diese Frage beschäftigt die Christenheit von Anfang an: Wie halten wir das Verhältnis von Kontemplation und praktischer Nächstenliebe im Gleichgewicht? So lange, wie es Diakonie gibt, wird um die Lösung dieser Frage gerungen werden.

Dorothee Mücksch

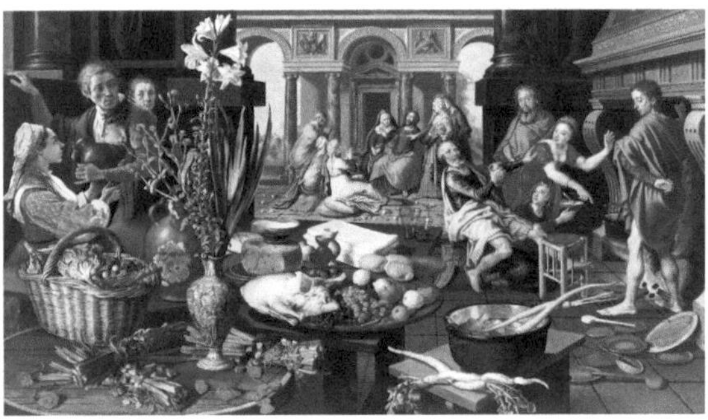

Adel des Dienens

Festlich gekleidet steht Martha neben ihrer Schwester Maria, nicht mit Schürze und Kochgeschirr ausgestattet, auch nicht in die Küche verdammt, wie auf anderen Abbildungen, sondern wie „geadelt“ reicht sie Jesus auf einem Silbertablett eine Karaffe mit drei Gläsern. Auch sie scheint zum Begrüßungstrunk mit eingeladen zu sein. Maria und Martha treten als Paar auf, wie zwei Seiten einer Medaille. Beten und Arbeiten gehören zusammen. Beides ist wichtig. Deshalb ist auch nicht klar auszumachen, wem der lateinische Spruch an der Wand gilt: „das bessere Teil erwählt“. Nur die aramäische Übersetzung darüber erwähnt Mirjam (Maria).

Die Kulisse erinnert an ein Schloss oder gar an eine Kirche. Das würde zur gleichen Interpretation führen. Bei einem Gottesdienst (nichts anderes ist es, was die Schwestern an Jesus tun) ist immer beides wichtig, das Hören auf das Wort Gottes ebenso wie der äußere Rahmen, die Liturgie, Kerzen, ein ordentlicher Kirchenraum, denn auch er predigt mit. Das kann jeder erfahren, der schon einmal in einer schmutzigen, kalten Kirche versucht hat, einer langen Predigt zu folgen.

Im Hintergrund ist eine Frau am Brunnen sichtbar. Man ist an die Geschichte erinnert, in der Jesus am Jakobsbrunnen einer Samariterin begegnet und ihr sagt: Wer von diesem Wasser trinkt, wird wieder Durst bekommen; wer aber von dem Wasser trinkt, das ich ihm geben werde, wird

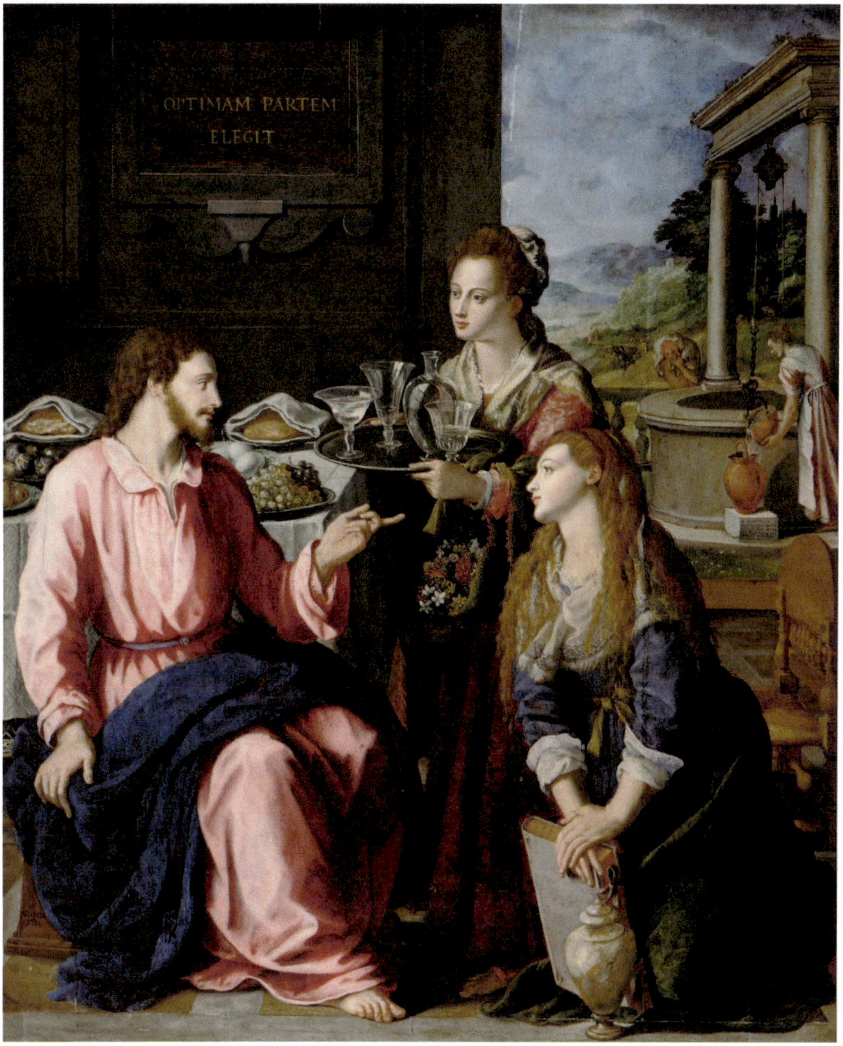

Alessandro Allori, Christus bei Maria und Martha (1625)

niemals mehr Durst haben; vielmehr wird das Wasser, das ich ihm gebe, in ihm zu einer Quelle werden, deren Wasser ins ewige Leben fließt (Johannes 4,1 ff.). Somit wird, ähnlich wie bei der Hochzeit zu Kana, Jesus selbst zum Gastgeber.

Das Bild von Alessandro Allori steckt voller Allegorien und biblischen Anspielungen. So könnte auch der Mann am Brunnen, mit dem Schaf auf dem Rücken, ein Hinweis auf den Guten Hirten sein.

Friedhelm Kasparick

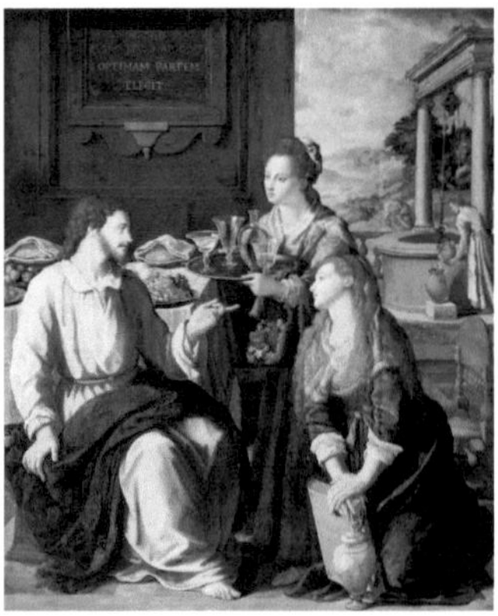

Die Küche im Griff

Der flämische Genremaler Joachim Beuckelaer wurde berühmt durch seine aufwendigen Darstellungen von Lebensmitteln und Haushaltsgeräten in Markt- und Küchenszenen. Durch seine detaillierte Malweise würdigt er in diesem Bild jede Einzelheit der Hausarbeit der Martha, so wie es auch Jesus bei seinem Besuch in ihrem Hause tat, indem er sagte: „Martha, Martha, du machst dir viele Sorgen und Mühen." Jesus sieht genau hin, was seine Gastgeberin alles tut, und wertschätzt es. Martha tut es mit den besten Absichten, so wie es die Heilige Theresa von Avila in ihrem berühmten Küchengebet tat: „Herr der Töpfe und Pfannen, ich habe keine Zeit, eine Heilige zu sein. Mache mich zu einer Heiligen, indem ich Mahlzeiten zubereite und Teller wasche." Jesus will Martha davor bewahren, in den Sorgen und der Mühe unterzugehen, ähnlich wie er es schon in der Bergpredigt tat, als er sagte: „Sorgt euch nicht um euer Leben, was ihr essen oder trinken sollt, noch um euren Leib, was ihr anziehen sollt! Ist nicht das Leben mehr als die Nahrung und der Leib mehr als die Kleidung?" (Matthäus 6,25).

Wenn Jesus sagt: Maria hat das Bessere gewählt, dann meint er es nicht im moralischen Sinne, sondern im Sinne von „das Leichtere und Schönere". Das soll ihr nicht genommen werden. Das sei ihr gegönnt. Wenn man bedenkt,

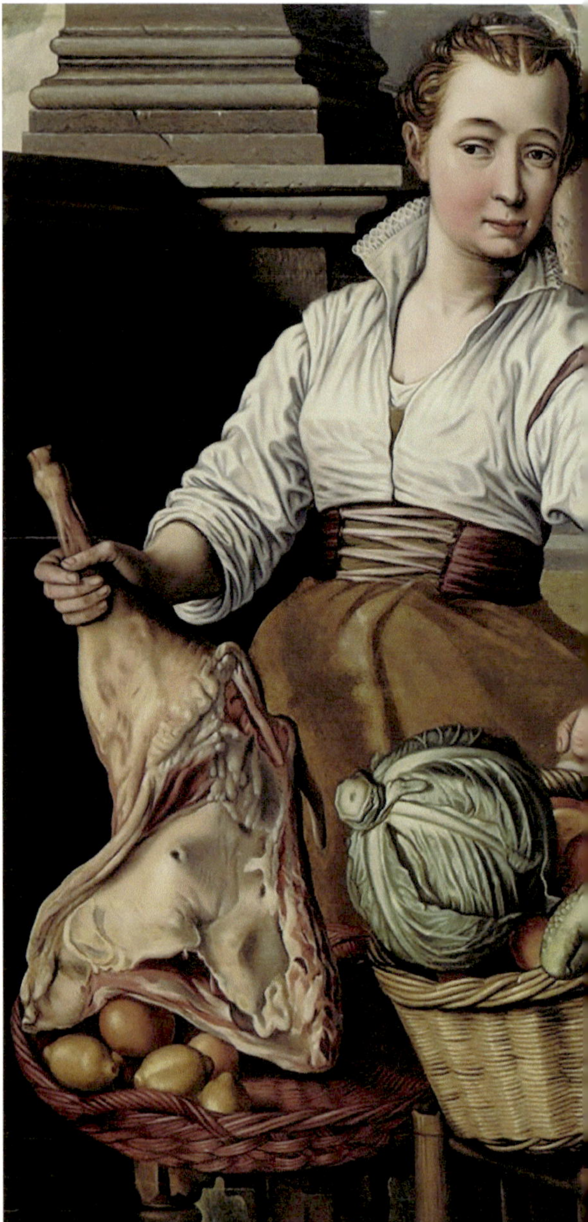

Joachim Beuckelaer,
Küchenszene,
mit Jesus im Haus
von Martha und Maria
im Hintergrund
(1569)

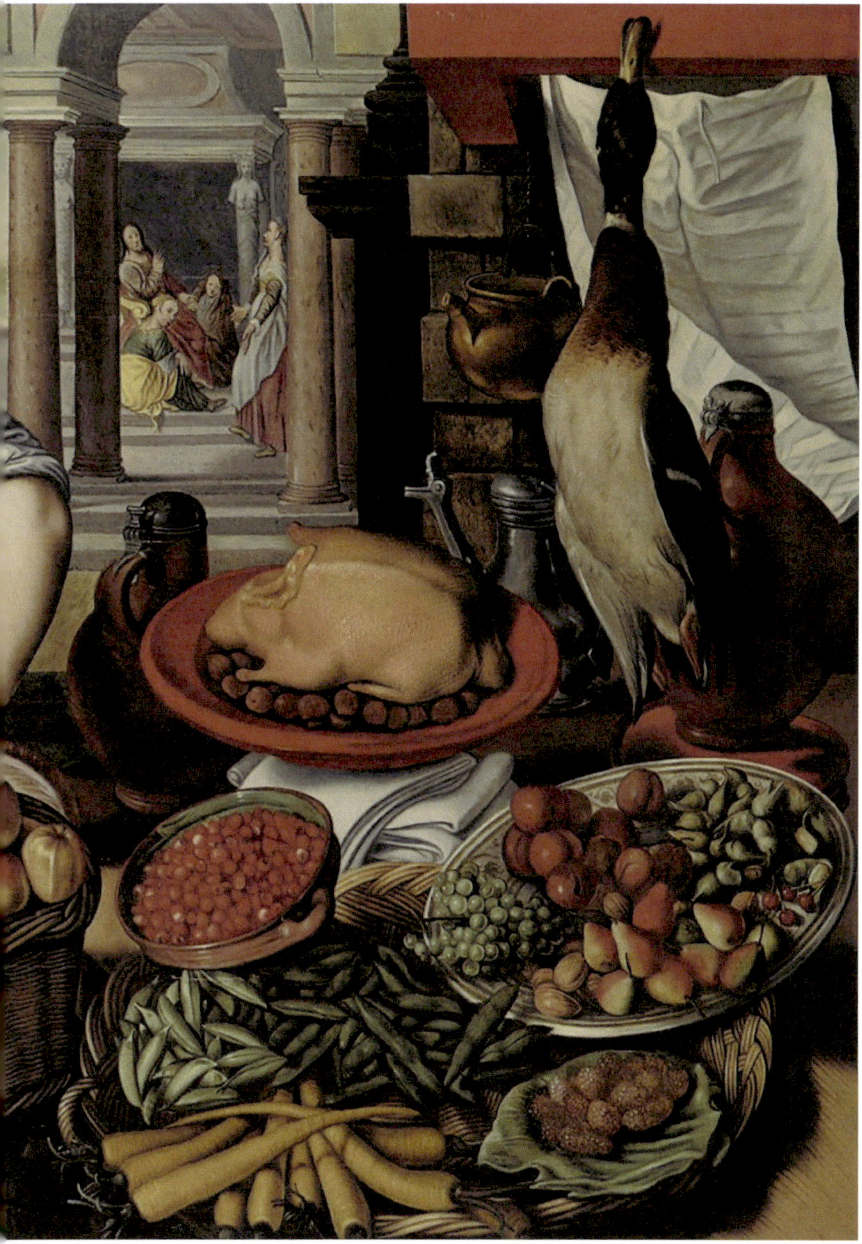

dass Maria Magdalena ja an anderer Stelle als die große Sünderin geschildert wird, bekommen beide ihre Beachtung und Wertschätzung von Jesus geschenkt, jeder auf seine Weise.

Friedhelm Kasparick

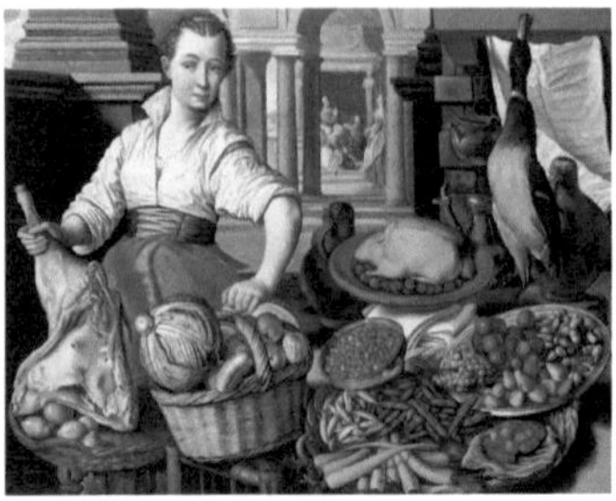

Im Spiegel

Diesmal ist es anders. Maria lehnt nicht sittsam, bescheiden und rein am Knie des Herrn, lauschend, was er ihr Wichtiges fürs Leben zu sagen hat. Herrisch blickt sie auf ihre Schwester herab. Auf dem fein gemaserten Tisch, an dem die Schwestern sind, sieht man drei Dinge, eine Schale mit einem Schwamm, einen Elfenbeinkamm und einen venezianischen Spiegel. Darin spiegelt sich die Hand der Maria. Ein weißes Viereck, einer Reflexion beim Fotografieren eines Spiegels ähnlich, wird durch die Position von Marias Mittelfinger mit Bedeutung aufgeladen.

Inständig scheint die zu ihr aufblickende Martha ihr etwas nahezulegen. Ihr Gesicht kann man nicht sehen, aber die Gesichter der beiden sind einander in einer Intensität zugewandt, dass sie sich mit ihren Blicken geradezu festhalten. In ihrer Kleidung tragen sie die gleichen Farben, wobei Maria etwas schicker ist. Die drei Farben weiß, rot und grün symbolisieren in der mittelalterlichen Bildtradition die drei christlichen Kardinaltugenden, Glaube, Liebe und Hoffnung. Haben sie mit den gleichen Farben auch die gleiche Tugendhaftigkeit?

In der Bibel gibt es keine Textpassage, auf die Caravaggio sich bezogen haben könnte. Seine Maria ist nicht mehr nur Maria von Bethanien. Sie ist längst mit Maria Magdalena und ihrer ebenfalls unbiblischen, aber in der Rezeption anrüchig beliebten Karriere als Prostituierter verschmolzen. Caravaggio schuf das Gemälde im Jahr 1598 oder

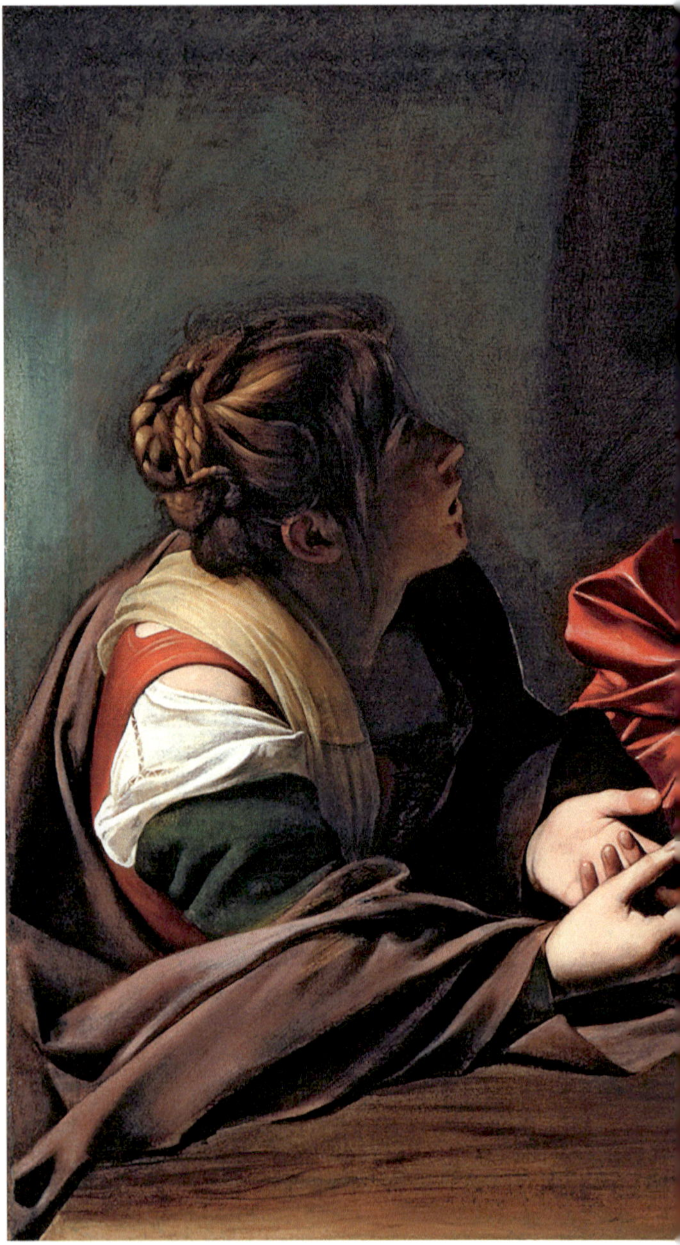

Michelangelo Merisi da Caravaggio, Martha und Maria (ca. 1598)

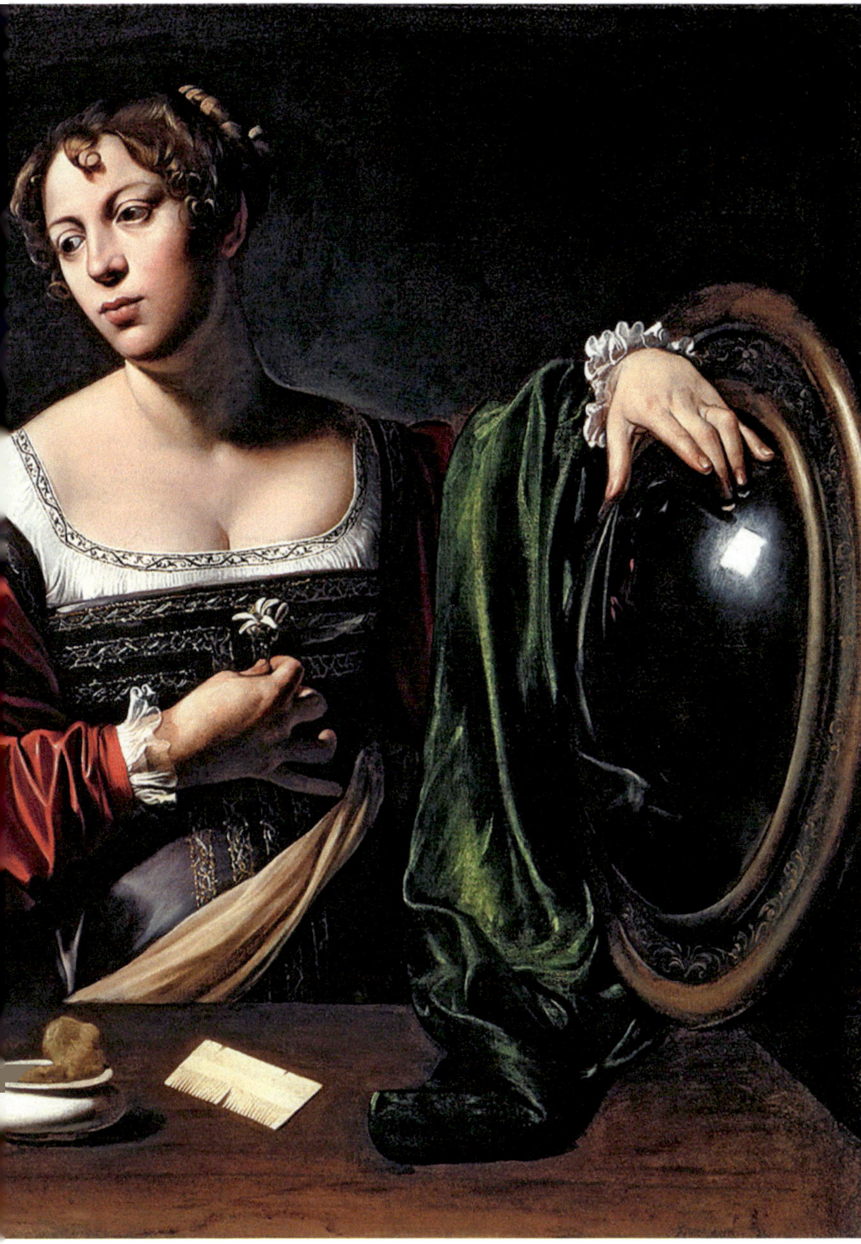

1599, als er im Palazzo seines Gönners, des Kardinals Del Monte, wohnte. Auf seinen religiösen Gemälden aus dieser Zeit finden sich immer wieder zwei weibliche Modelle, die als die beiden berühmten Kurtisanen Anna Bianchini und Fillide Melandroni identifiziert werden können. Sie gingen im Palazzo von Del Monte und bei anderen wohlhabenden und mächtigen Kunstmäzenen ein und aus. Anna, die auf einem anderen Gemälde Maria Magdalena darstellt, erscheint hier in der Rolle der Martha, während Fillide Maria ist. Caravaggio bricht also mit der auch ihm bekannten Bildtradition, die Martha und Maria als Vertreterinnen der aktiven und der kontemplativen Aspekte des christlichen Glaubens darstellt.

Caravaggios Bildinterpreten sahen auf dem Gemälde Martha, die gerade dabei ist, Maria von ihrem lasterhaften Leben zu einem tugendhaften in Christus zu bekehren. Angeblich streitet sie gerade leidenschaftlich mit Maria, die eine Orangenblüte, ein Symbol der Reinheit, zwischen den Fingern dreht, während sie in der anderen Hand einen Spiegel hält, der die Eitelkeit symbolisiert, die sie aufgeben will. Vor allem in Marias Gesicht sah man die Kraft des Bildes, das den Moment zeigen soll, in dem die Umkehr beginnt.

Dass Caravaggio die Modelle für die Rollen von Maria und Martha austauscht, lenkt mich jedoch auf eine andere Spur: Wer ist die bessere Maria? Anna oder Fillide? Du oder ich? Der Pflegende oder die zu Pflegende? Wen siehst du im anderen, und was siehst du im Spiegel? Der Spiegel hat eine eigenartige Position auf diesem Bild. Er spiegelt Marias Hand, und er würde auch Martha spiegeln, wenn sie hineinblickte. Beide Frauen könnte er zeigen, und der blinde Fleck könnte in ihnen die Frage nach ihrem inneren blinden Fleck aufwerfen. Hat Maria das bessere Teil erwählt? Auch wenn Caravaggio in seinem Martha-und-Maria-Bild die Rollen vertauscht, wird er die Frage nicht los, warum die eine die andere nicht einfach so lassen kann, wie sie ist. Und dafür braucht er nicht einmal Jesus.

Jutta Noetzel

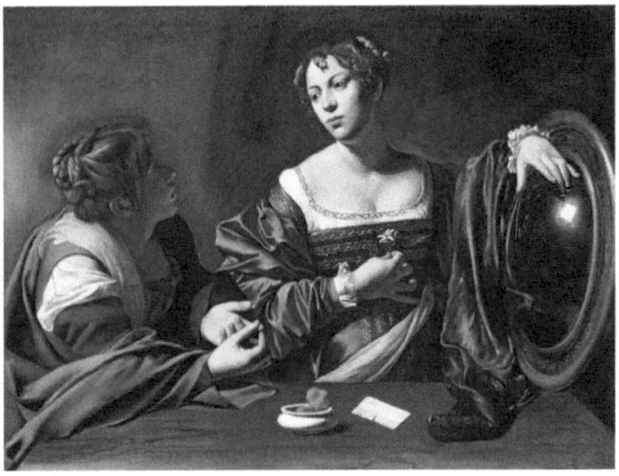

Nach dem Besuch

Zwei Schwestern reden angeregt miteinander, ihr Bruder lümmelt auf dem Sessel und spielt auf seinem Smartphone. Eine alltägliche Szene unserer Zeit. Der schottische Künstler I. D. Campbell malte Martha und Maria im Gespräch, nachdem der Besuch gegangen ist. Den Bruder (Lazarus) interessiert offenbar das „Nachbereitungsgespräch" nicht.

Martha, links im Bild, mit dem Blick nach oben, hat die Hände erhoben. Ich höre sie rufen: „Halleluja! Geschafft. Aber haben denn die Gäste meine Arbeit in der Küche überhaupt gewürdigt?" Vielleicht so redet sie zu Maria, die wiederum ihre Schwester anschaut: „Okay, ich weiß ja, was so ein Besuch bedeutet."

Der Maler gab Martha eine adrette Figur im Licht, mit Küchenkleid und hellen Haaren. Ihr gegenüber in warmen Farben steht Maria, mit verschränkten Armen ist sie ganz bei sich und dem Gefühl ihrer Schwester. Der Gast ist weitergezogen, aber doch präsent.

Manche Betrachter des Bildes könnten meinen, der Maler habe auf der linken Seite Maria gemalt, die ihrer Schwester Martha auf der rechten Seite mit Händen erklärt, warum sie sich nicht an der Küchenarbeit beteiligte und die ganze Zeit beim Gast saß. Übersehen sie da nicht das Schürzenkleid?

Der Künstler, vor allem Porträt- und Landschaftsmaler, gestaltete seine Bilder in einem Stil, mit dem sich die Betrachter identifizieren können. Die Personen in moderner

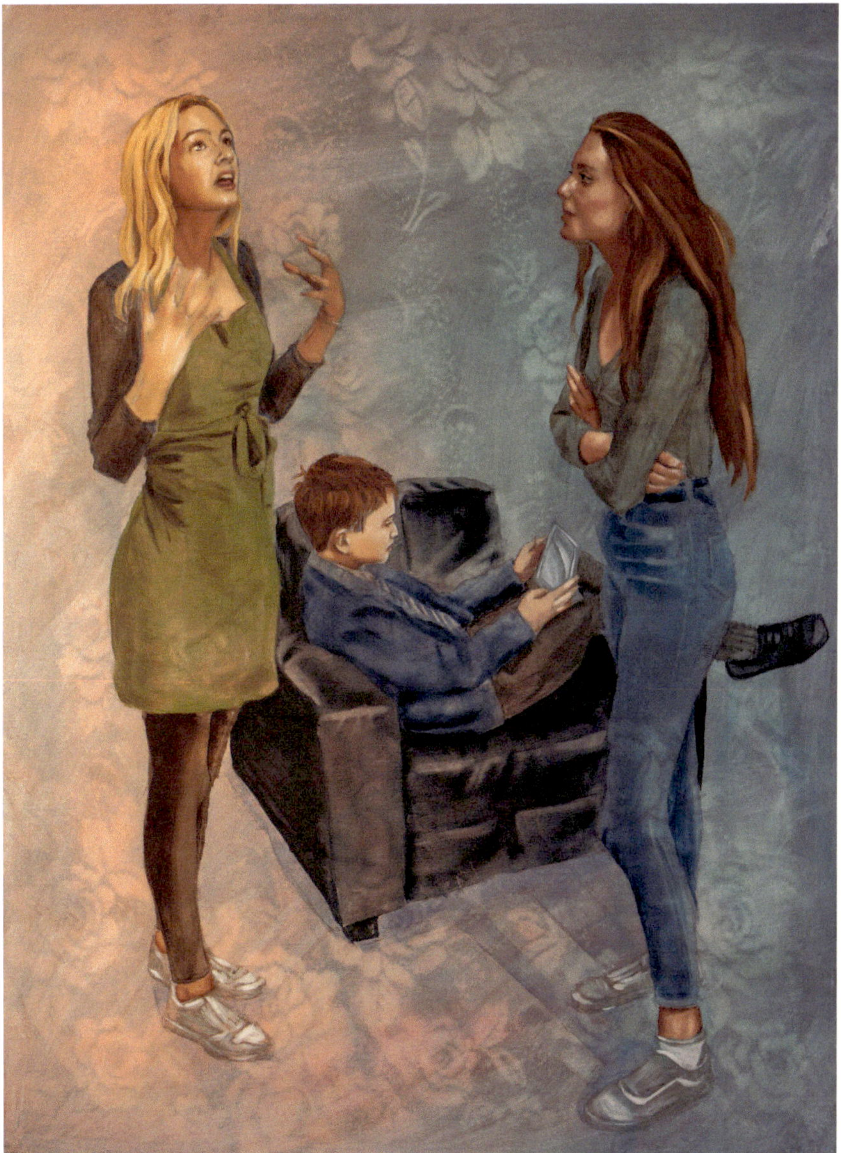

I.D. Campbell, Mary und Martha (2019)

Kleidung stellen eine Szene dar, die sich in jeder Familie ereignen kann, ein emotionales Gespräch mit unterschiedlichen Empfindungen. Die engagiert gestikulierende Martha steht der defensiv-verschränkten Maria gegenüber. Quer zu ihnen hat der Maler mit dem lässigen Bruder auf dem Sessel eine Verbindung geschaffen. Will er damit den Schwestern zu mehr Gelassenheit raten?

Dieter Reiher

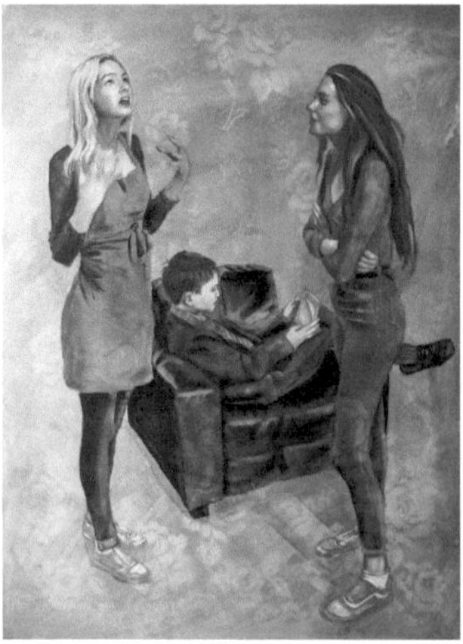

Drachen bändigen

Auf dem Gemälde von Lucas Cranach d. Ä. sehen wir Martha, die nach der Legenda Aurea den Drachen besiegt hat. Ihre Gesichtszüge erinnern an tiefe Versenkung ins Gebet und ihre leicht geschürzten Lippen dennoch an Entschlossenheit. Dies und das Weihwassergefäß, welches ihren Glauben versinnbildlicht, erinnern mich an die Martha, wie sie das Johannesevangelium vorstellt.

Im Johannesevangelium wird von einer freundschaftlichen, liebevollen Beziehung berichtet: „Jesus aber hatte Martha lieb und ihre Schwester und Lazarus." Als Lazarus schwer krank wird, lassen die Schwestern nach Jesus schicken, doch Jesus ist noch nicht bei ihnen, als Lazarus stirbt. Viele Menschen trauern mit Martha und Maria. Als Martha dann erfährt, dass Jesus auf dem Weg ist, nimmt sie ihre Kraft zusammen, verlässt das Trauerhaus und geht ihm entgegen.

Dann trifft Martha auf Jesus. Sie redet mit ihm auf Augenhöhe, so, als hätte sie bereits früher mit ihm diskutiert. Sie trägt in sich eine eigene Vorstellung davon, wer Gott ist, wer Jesus ist. Wenn Martha sagt: „Ja, Herr, ich glaube, dass du der Christus bist, der Sohn Gottes, der in die Welt kommt", dann spricht sie ihr Christusbekenntnis.

So bekennt eine Jüngerin. So spricht eine Theologin, die eine Wahrheit von Gott erkannt hat: dass Gott selbst in die Welt kommt. Und dass Gott keine Grenzen kennt, auch nicht die des Todes. Die freundschaftliche, liebevolle Beziehung bleibt bestehen und trägt, auch wenn alles andere endet.

Nach diesem Gespräch geht Martha wieder los und macht es wie Jesus: Sie ruft ihre Schwester Maria und überbringt ihr die gute Nachricht. Ihre Worte lassen auch in Maria Hoffnung wachsen, lassen sie aufstehen und sich wieder dem Leben zuwenden.

So, wie auf dem Bild der Drache nicht fort ist, sondern sich gebändigt neben Martha zur Erde duckt, so ist auch im Leben eines gläubigen Menschen das, was es schwermacht, nicht einfach fort. Es gibt Krisen, es gibt Krankheit und Tod. Aber weil Gott da ist und die liebevolle Beziehung zu uns aufrechterhält, kann das Schwere und Furchterregende klein werden. Gott hilft uns, dass wir dem Drachen weniger Macht über uns geben. Martha inspiriert mich dazu.

Eva Lange

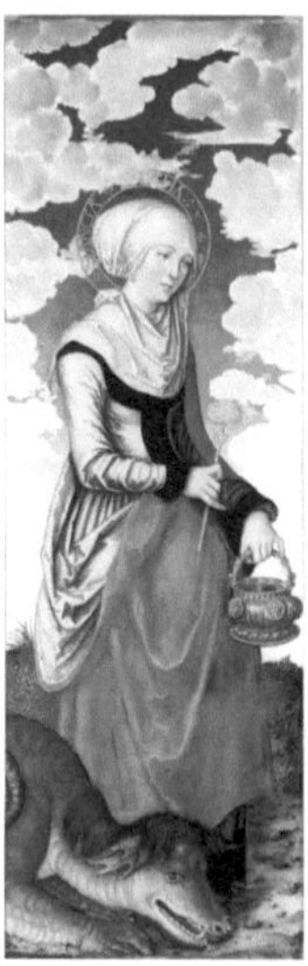

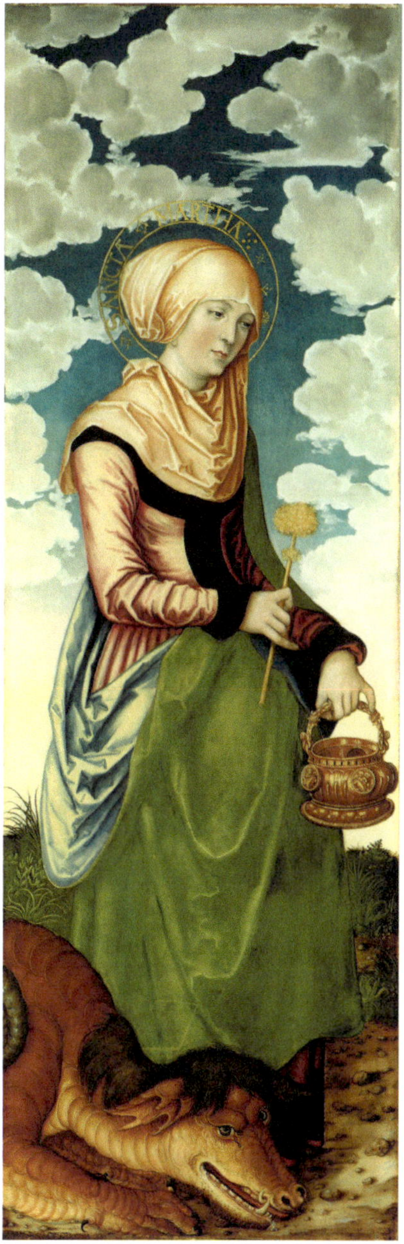

Lucas Cranach d.Ä.,
Detail des Magdalenenaltars
(1520)

Der andere beste Teil

Die Illustration von Schnorr von Carolsfeld hat etwas Denunziatorisches: Martha ist so vollgepackt, derart viel, viel zu viel hat sie sich aufgeladen (sich aufladen lassen), dass sie den Kopf ein wenig nach links wenden muss, um nicht zu stolpern. Jesus kann ihr so gar nicht in den Blick kommen!

Martha schaut freilich – so möchte Schnorr von Carolsfeld das sehen – nicht nur vorsorglich nach links; sie schaut zugleich vorwurfsvoll nach links unten. Da sitzt Maria „zu seinen Füßen und hörte seiner Rede zu". Dabei berührt sie mit der rechten Hand sein Gewand; ihre Linke – hält sie das eigene Gewand zusammen, verstärkt sie noch ihre Demutsgeste? Die Augen hat sie geschlossen, den Blick abgewandt, sie scheint Martha nicht zu hören, oder vielmehr teilt ihr Gesicht mit: Was willst du, Schwester, von mir? Ich weiß gar nicht, was du hast!

Keine Aura bei den Frauen, die tragen nur die Männer. Dazu der erhobene Zeigefinger von Jesus – der linke, der Martha mahnt (wenn sie ihn denn sehen könnte!); die andere Hand deutet auf Maria hin zu seinen Füßen. Will Schnorr mit dieser Geste sagen, was das Lukasevangelium nicht sagt: Martha, setz dich auch dorthin?

Franz Fühmann erzählt in seinem Essay „Meine Bibel. Erfahrungen", wie er biblische Geschichten zuerst kennen gelernt hat, durch „Die Bibel in Bildern. 240 Darstellungen erfunden und auf Holz gezeichnet von Julius Schnorr von Carolsfeld". Er ist fasziniert – er, das Kind, blättert die gro-

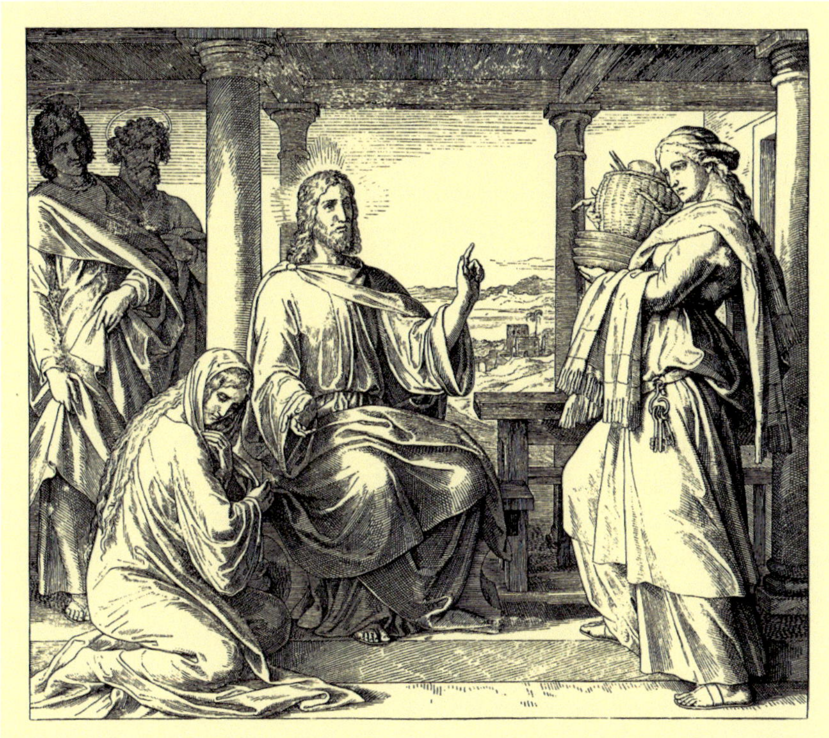

Julius Schnorr von Carolsfeld,
Christus im Hause der Martha und Maria
(1860)

ßen Seiten um und taucht in eine Welt, die ihm ganz fremd ist und zugleich so vertraut: Die Mutter hat ihm diese Geschichten erzählt. Sie waren die Geschichten einer geordneten Welt. Oben und unten, wichtig und unwichtig, gut und böse waren klar benannt und illustriert. Etwas später aber schreibt Fühmann: „Doch ich kann vom Heute aufs Gestern schlecht schließen; ich entdecke bei Schnorr immer mehr Ungeheuerlichkeiten."

Es ist nicht so etwas wie ‚Zeitgeist', was mich kritisch auf die übliche Lesart der Maria- und Martha-Szene – die Schnorr nur noch verstärkt – schauen lässt. Eine Frau in der Gemeinde, in die ich als junger Pfarrer entsandt worden war, Martha Rein – mit ihrer großen Familie war sie aus dem heutigen Polen in die flache Gegend zwischen Leipzig und Weißenfels geflüchtet. Wie ein ständiger Druck lag es auf ihr, und der alte Pfarrer hatte es doch auch gesagt: Martha, Martha, du hast viel Sorgen und Mühe ... Maria aber hat das bessere Teil erwählt ... Wie ein Fluch laste auf ihr dieses Wort.

Ich erzählte ihr, wie Meister Eckhart diese Geschichte gelesen hatte: Ihr habt den Herrn nicht recht verstanden. Er lobt Martha, denn sie hatte schon verstanden, worauf es ankomme in der Jesus-Nachfolge und konnte wieder praktisch werden. Nur ein klein wenig tadelt er sie: Sie solle Maria doch noch etwas Zeit zum Lernen lassen! „Martha fürchtete", so Meister Eckhart in seiner Predigt zu Lukas 10,38, „dass ihre Schwester im Wohlgefühl und in der Süße stecken bleibe und wünsche, dass sie würde wie sie selbst. Deshalb sprach Christus und meinte: Sei beruhigt, Martha, auch sie hat den besten Teil erwählt. Dies hier wird sich bei ihr verlieren. Das Höchste, was einer Kreatur zuteilwerden kann, das wird ihr zuteilwerden: Sie wird selig werden wie du!“

Curt Stauss

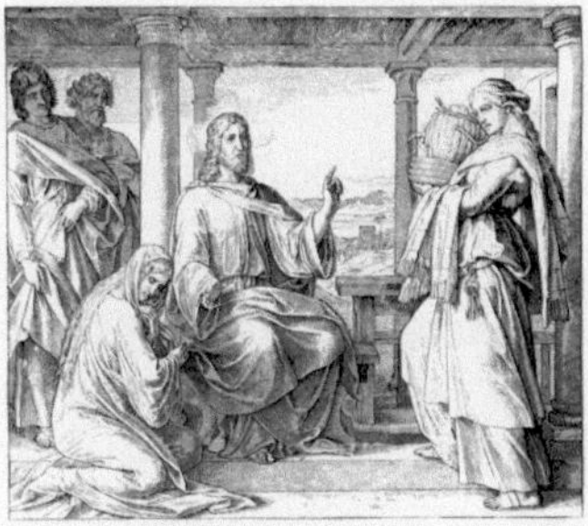

Die Komposition

Wenn ich Sie jetzt bitten würde, unter all den vielen Martha-Bildern das auszuwählen, das Ihnen am besten gefällt: Welches würde es sein? Für mich ist die Entscheidung eindeutig. Dieses hier. Ich will es gerne begründen.

Jan Vermeer, ein niederländischer Maler um 1650, hat immer im Schatten seines berühmten Malerkollegen Rembrandt gestanden. Nicht viele seiner Bilder wurden zu seinen Lebzeiten verkauft. Als er früh verstarb, hat das das Überleben seiner Frau und ihrer Kinder bedeutet, denn sie haben dann so nach und nach eins nach dem anderen aus dem Versteck verkauft. Erst die Impressionisten 200 Jahre später erkannten, was für ein Meister er war. 1888 schrieb Vincent van Gogh an einen Freund: „Kennst du einen Maler namens Vermeer? Die Palette dieses merkwürdigen Malers ist blau, zitronengelb und perlgrau. Diese Holländer haben nicht viel Einbildungskraft und Fantasie, aber ungeheuer viel Geschmack und Sinn für Komposition.“ Was für ein Urteil!

Die Komposition: Auf engstem Raum, wie in ein Dreieck hineinkomponiert, ohne dass das Gefühl von Enge entsteht, begegnen sich Jesus, Maria und Martha. Da passt kein Blatt dazwischen. Fast familiär gehören sie zusammen und hören einander zu. Das ganze Bild vermittelt Ruhe, Besinnung, Andacht. Auch Martha, die wohl eigentlich den Tisch decken will, wird in dieses gesammelte Hören hineingezogen. Wie schön und wie friedlich! Allenfalls das rote Wams

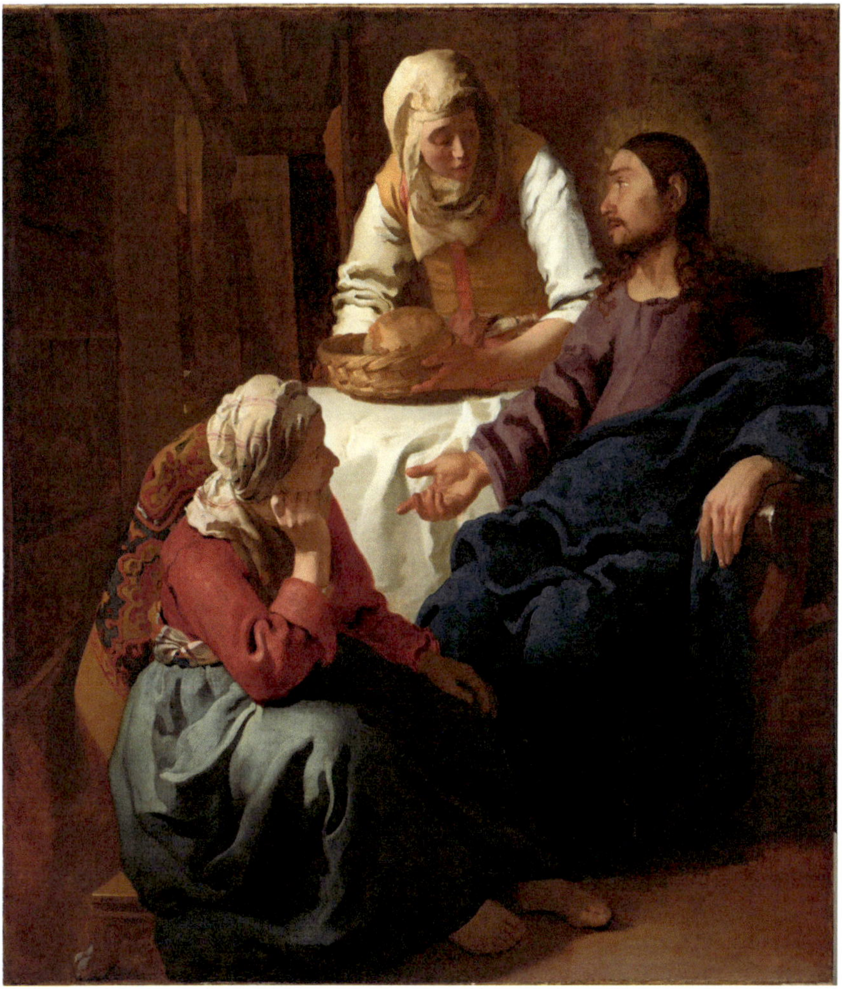

Jan Vermeer van Delft,
Christus bei Maria und Martha
(1655)

der Maria und der ausgestreckte Zeigefinger Jesu hebt die Aussage: „Sie hat das bessere Teil erwählt“, fast ungern hervor. Das wäre auch für einen calvinistisch geprägten Niederländer nicht verwunderlich. Braucht es noch mehr Begründungen dafür, warum mir dies Bild so gefällt?

Dorothee Mücksch

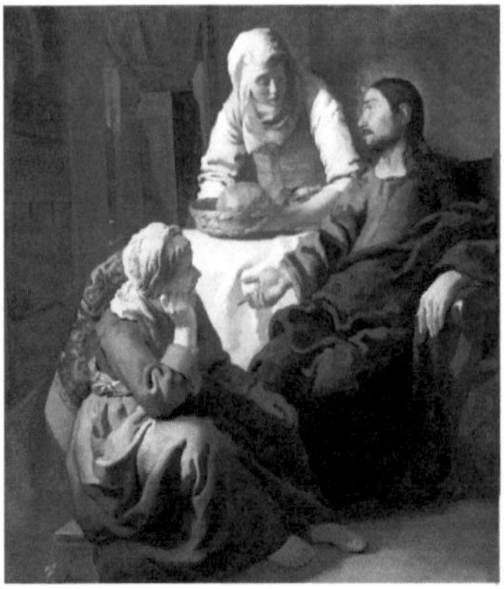

Acht Frauen

„Acht Frauen“, so heißt das zweiteilige Werk von Corinne Güdemann. Zu sehen ist es in der katholischen Kirche St. Stephan in Therwil (Schweiz). Es handelt sich zum einen um ein Wandbild, auf dem acht Frauen am Tisch sitzen, und zum anderen um Kassetten an der Orgelempore, in denen die acht Frauen mit Namen stehen. Sie sind Weggefährtinnen von Jesus oder Frauen, die in den frühchristlichen Gemeinden wichtige Ämter innehatten. Neben Maria Magdalena, Phoebe, Junia, Lydia, Thekla, Priska und der Namenlosen wird an zweiter Stelle von links auch unsere Martha genannt.

Während die Frauennamen über dem Kirchenschiff „thronen“ und scheinbar in Marmor gemeißelt stehen, was auf ihr ehrwürdiges Alter und ihre Verantwortung in der frühen Kirche verweist, tragen die Frauen auf dem Wandbild moderne Kleidung und könnten heutige Frauen aus der Umgebung sein. Die unregelmäßige Kontur der Tischszene deutet aber eine Freilegung dieses doch „alten“ Bildes an, das anscheinend viele Jahrhunderte unter dem Putz geschlummert hat und nun wieder für alle sichtbar ist. Die acht Frauen wurden übermalt; man wollte sie unter dem Putz verschwinden lassen, sie unsichtbar machen. Doch sie wurden wieder freigelegt.

Die Frauen lassen sich namentlich nicht eindeutig zuordnen, und so dürfen wir selbst entscheiden, wer auf dem Bild unsere Martha ist.

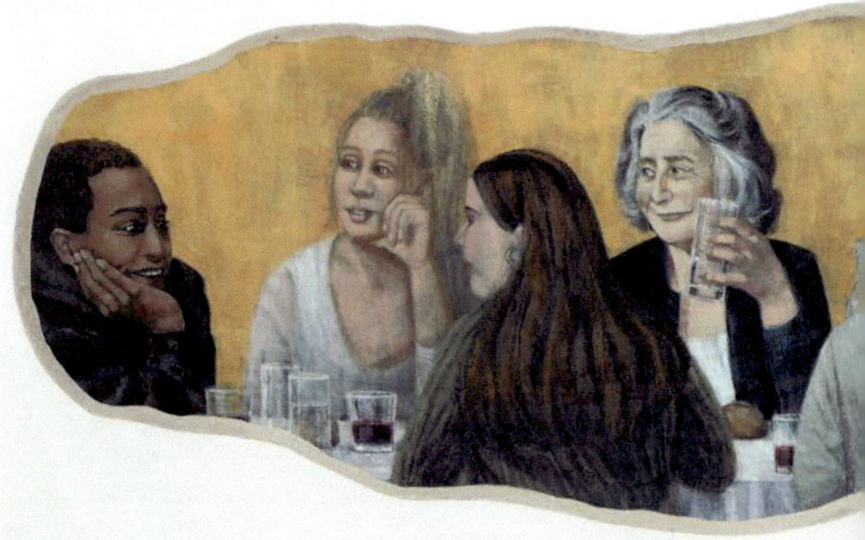

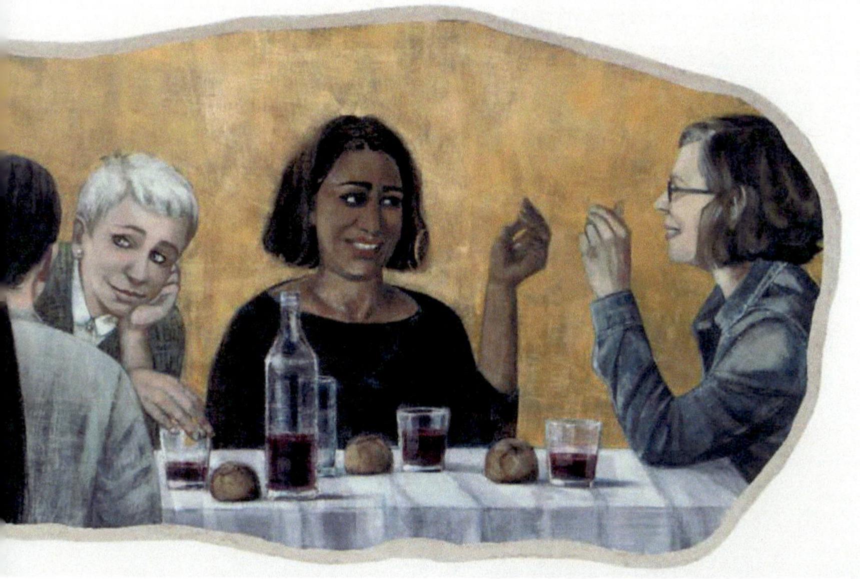

Corinne Güdemann, Acht Frauen (2019). Es handelt sich um eine zweiteilige Kunst-und-Bau-Arbeit in einer katholischen Barockkirche, bestehend aus der illusionistischen Schrift mit den Namen der Amtsträgerinnen an der Empore und dem Wandbild in Form des Fragments eines „wiederentdeckten" Freskos.

Wir sehen acht erwachsene Frauen unterschiedlichen Alters und Hautfarbe. Die Stimmung am Tisch ist gut: Sie kennen sich schon lange, sie mögen sich, und sie haben sich etwas zu erzählen – das kann man sehen.

Der Tisch ist einfach gedeckt, und das Tischtuch wurde nicht noch einmal aufgebügelt. Schlichte Gläser für Wein und Wasser stehen auf dem Tisch, auf Teller für die kleinen Brote wird verzichtet. Die Brote und die halb gefüllten Weingläser erinnern an das Abendmahl. Die Frauen haben noch nicht angefangen, warten sie vielleicht noch auf einen Gast?

Unsere Martha sitzt mit am Tisch – auf vielen anderen Bildern muss sie stehen und Krüge oder Schalen tragen –, hier darf sie Platz nehmen. Sie ärgert sich nicht über ihre Schwester oder sorgt sich um ihren Bruder – hier darf sie in fröhlicher Runde Abendmahl feiern.

Beate Gienke

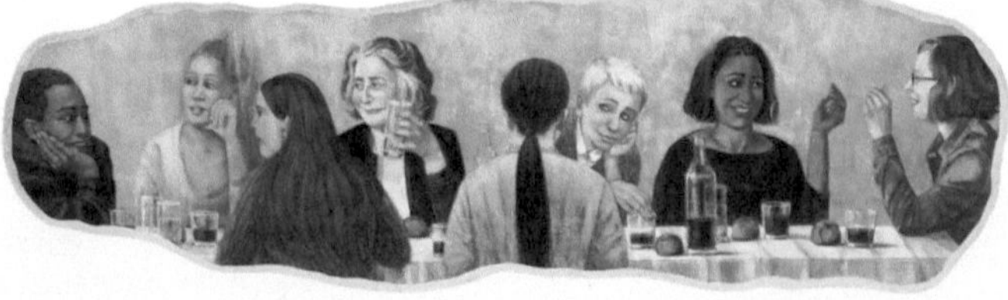

Das Notwendige tun

Was hat sie für ein elegantes Kleid an! Richtig schick! Kunstvoll ein weißes Tuch um den Kopf geschlungen und dazu ein kleineres um den Hals. Ein weinrotes Oberkleid mit wiederum passender weißer Schürzenandeutung. Ein tiefblaues Unterkleid steht im guten Kontrast. Um die Hüfte eine dicke Kordel mit einem mächtigen Schlüsselbund – Zeichen für die Herrin über Kammer und Keller. In der rechten Hand einen übergroßen Kochlöffel. Wie passt die Eleganz der Kleidung zu den profanen Hausfrauenattributen? Da hatte der mittelalterliche Maler ein Dilemma: Einerseits musste eine Heilige schon heiligengemäß gekleidet sein, andererseits kannte er die Geschichte der Martha aus der Bibel und wusste, dass sie für den Herrn Jesus gekocht hat. Seine Lösung ist zeitgemäß. Der Kochlöffel wird zum Symbol.

DAS allerdings passt zu meiner Vorstellung einer „Martha". Breitbeinig steht sie fest auf der Erde. So muss sie sein. Im richtigen Moment das Richtige tun. Praktisch, resolut, ein bisschen üppiges Körperprofil, festes Schuhwerk, freundliche Augen und nicht so schnell zu erschüttern. Sie kann mit kraftvoller Verdrehung der Arme einen Scheuerlappen auswringen, sie kann dem kleinen Rotzbengel die Schniefnase putzen, und sie kann mit gekonnt kraftvollen und doch sanften Bewegungen um den Kranken herum die Bettwäsche wechseln.

Ich kenne aber DAZU noch ganz andere „Marthas". Gegen allen Widerstand und mit viel Mut manövrieren sie im

Mittelmeer Seenotrettungsschiffe. Mit höchstem Einsatz steuern sie Hilfstransporte in Krisengebiete. Unter freiem Himmel bringen sie kleinen Kindern das Alphabet und das Einmaleins bei. Sie werden sicher keine weinrote Stola tragen. Für mich allerdings tragen sie einen Heiligenschein. Dank ihnen!

Dorothee Mücksch

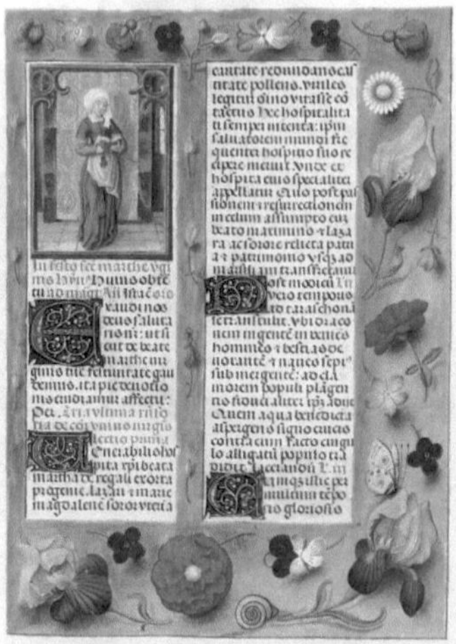

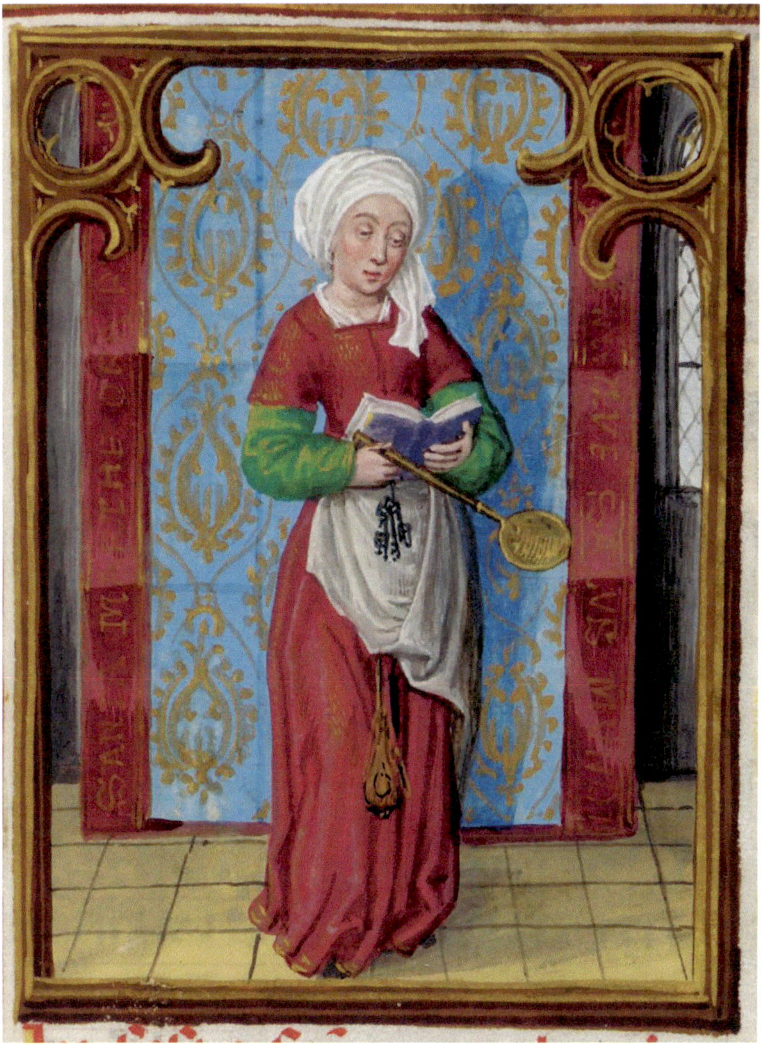

Brevier von Isabella von Kastilien, St. Martha (spätes 15. Jh.)

Die Visionen der beiden Schwestern

Die Musikerin und Malerin Elisabeth Kelvin begrüßt ihre User in den digitalen Medien: „Willkommen in einer Welt der spirituellen Kunst ... (sie) ist ein wunderbarer visueller Ausdruck von Liebe, Mitgefühl und Glauben und ein Symbol dafür, wer wir sind." Sie lädt dazu ein, ihr Bild „Martha and Mary" mit „Symbolik zu umarmen", in ihre Visionen aus unterschiedlichen Perspektiven einzutauchen. „Stell dir vor: Du öffnest deine Augen, Ohren und deinen Geist für eine andere Welt: Licht, Schatten, Klang, Stille." Das sind die Visionen der zwei Frauen: Die eine sieht den Wert darin, eine kluge Arbeiterin, die andere, eine mitfühlende Zuhörerin zu sein.

Auf dem Bild sind die drei Hauptpersonen in einem offenen Zeltdach zu sehen: Martha in gebeugter Haltung mit einem Besen in Aktion, ihr linker Arm umfasst einen ovalen Tisch mit Fischen und Brot, am Rand der Tafel ist die Familie angedeutet; die Haushälterin hat für alle gesorgt. Ihr Blick geht zu Maria, die mit Jesus zusammensteht. Zu Maria besteht eine aufmerksame Spannung, beide Schwestern stehen aber harmonisch auf dem gemeinsamen Boden mit Jesus. Beide, Maria und Jesus, schauen aufwärts. Jesu Handbewegung zeigt zur Fülle des Fischfanges und darüber hinaus oben zum Lichtstrahl, aber auch als Wink zur Martha. Maria blickt neben Jesus aufwärts in ergebener Haltung. Der erhobene Arm seiner Botschaft zeigt zum Menschenfischer

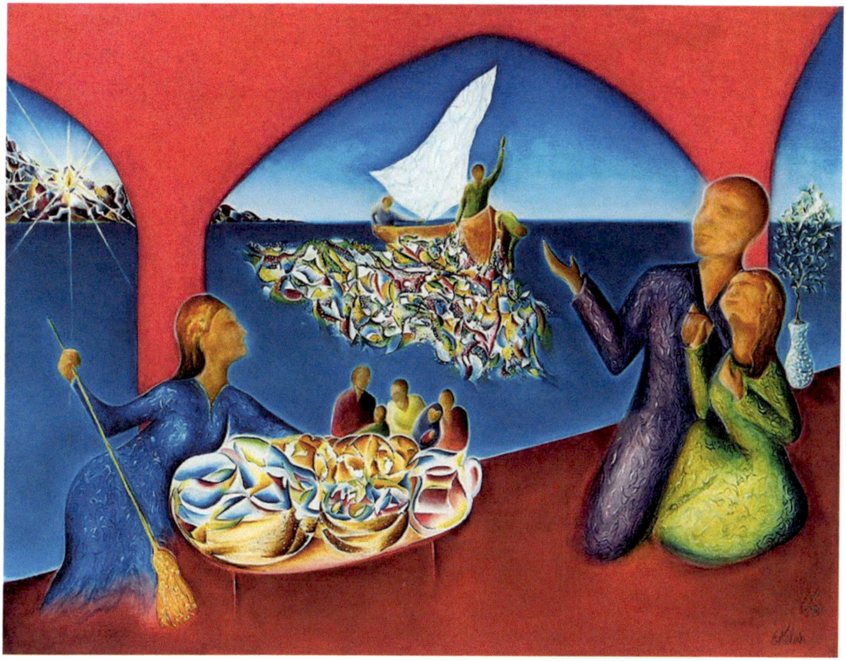

Elisabeth Kelvin, Martha and Mary (2020)

und zum Licht der Stadt Gottes. Der Strauß mit seinen weißen Blüten ist die Freude über diese Botschaft, die Maria empfangen hat; Martha mit ihrer Aktivität soll ebenso dazugehören. Fülle und Vollendung mit Jesus, das sind die ins Bild gebrachten Visionen.

Elisabeth Kelvin stammt aus einer österreichischen Familie von Musikern und Künstlern. Musizieren und Freilichtmalerei gehörten ebenso zum Familienleben wie Buschwanderungen und Surfen. Sie verbindet in ihrer kreativen Praxis nahtlos das Visuelle und das Akustische. Sie hat bereits in jungen Jahren eine Doppelbegabung entwickelt und praktiziert sie international. Sie spielt Saxophon und Klarinette, sie malt meistens abstrakte Bilder.

Sicherlich könnte sie mit ihren Musikinstrumenten den Rhythmus und Klang dieses Bildes nachspielen, den Klangbogen vom Symbol des Besens über die Fülle der Nahrung zu der Haltung der Personen und dem Licht der Stadt. Dazu die intensiven warmen Farben der abgestuften Rot- und Blau-Flächen, getupft mit etwas Grün und Braun. Martha würde fröhlich von ihrer Arbeit singen, Maria versonnen zur Botschaft Jesu summen, vielleicht sogar im Tanzschritt mit Jesus, dem (Menschen-)Fischer, seinen Fang erstaunt ausrufen und das strahlende Licht mit hohen Tönen vollenden. Das wären Klang,

Wärme und Harmonie der Visionen der Schwestern Martha und Maria, 2020 gemalt von der zeitgenössischen Künstlerin Elisabeth Kelvin.

Dieter Reiher

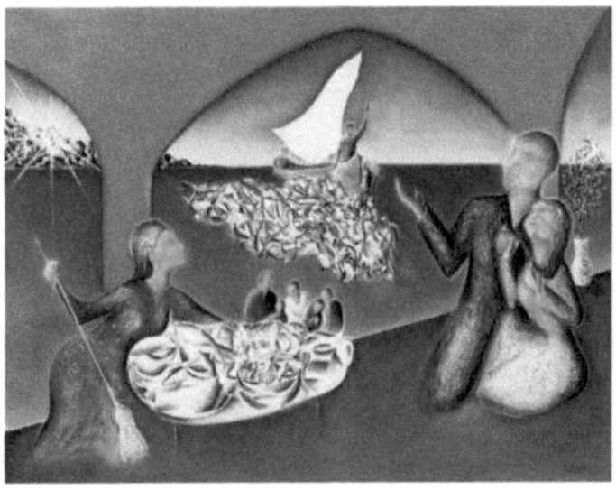

Die richtige Balance

In meiner Kindheit gab es den Vornamen Martha kaum. Heute kommt er wieder gelegentlich vor. Um 1900 war er einer der beliebtesten Mädchennamen. Gefühlt hatte dieser Name für mich immer etwas Unterwürfiges oder das Klischee einer Hausfrau. Martha bedeutete in meiner Erinnerung immer etwas wie Magd oder Dienerin. In der Bibel findet man die Geschichte von Martha und Maria beim Evangelisten Lukas. Beide Schwestern begegnen Jesus. Es geht um die Frage, welche von beiden die richtige Einstellung zum Leben hat. Jesus wird zitiert mit den Worten: „Martha, Martha, du machst dir viele Sorgen und Mühen. Aber nur eines ist notwendig. Maria hat das Bessere gewählt, das soll ihr nicht genommen werden." Eingebettet ist diese Erzählung zwischen der Geschichte vom „barmherzigen Samariter" und dem Vaterunser-Gebet. Also zwischen tatkräftiger Hilfe und Unterstützung und der Bitte an den Vater im Himmel um das tägliche Brot und Vergebung.

Maria, die Erwählte, die Meditierende, die Betende. Sie sitzt im Vordergrund und scheint in Gedanken abwesend zu sein. Martha steht mit einladender Geste im Türrahmen und spricht Jesus an. Die Ärmel hochgekrempelt, mitten in der Arbeit. Jesus sieht beide nicht an, seine beschützende Hand weist mit dem Zeigefinger auf Maria und mit dem Daumen auf Martha. In dieser Spannung steht das ganze Bild. Der Daumen als der Finger in der Hand, der zum Anpacken, zum Halten, zum Anfassen am dringendsten gebraucht wird, und die offene Hand, die empfängt und sich beschenken lässt. Die Frage an Jesus, wer von den beiden hat den besseren Teil erwählt, heißt also, beides gehört zusammen: das Geben und das Empfangen.

Im Bild von Jacob Jordaens sehe ich in den Handbewegungen aller Personen die eigentliche Aussage: Gebet und Arbeit gehören zusammen. Marthas rechte anpackende und geschlossene Hand, während die linke offene auf Maria zeigt. Diese hat wiederum die Arme verschränkt: Die rechte Hand hält die linke Hand, die beschützend auf der rechten ruht. Sie bilden eine Einheit. Und Jesus verbindet mit seiner Geste beide, Maria und Martha. Die Personen hinter der Tür sind unbeteiligt, aber aufmerksam und nachdenklich. Sie beobachten das Geschehen nur von der Seite aus. Vielleicht hat der Maler sich selbst dargestellt, wenn er auf Jesus schaut und seine Hand auf der Brust ruht. Den Mittelpunkt des Bildes bildet Martha, die voller Elan die Tür aufreißt, den Blick nach draußen freigibt und in eine Situation hineinlächelt mit fragendem Blick auf Jesus, der in aller Ruhe zwischen beiden vermittelt.

Ich finde, dieses Bild macht deutlich, wie unterschiedlich wir sind und dass beides zusammengehört, das Handeln und das Innehalten, die Aktivität und die Ruhe, die Fröhlichkeit und die Besinnlichkeit.

Für ein gelungenes und geglücktes Leben braucht man die richtige Balance. Ich erlebe heutzutage viele Menschen, die diese Ausgewogenheit suchen. Die sich nicht verrückt und ängstlich machen lassen, wenn die Welt aus den Fugen gerät, die sich engagieren in ihrer kleinen Welt,

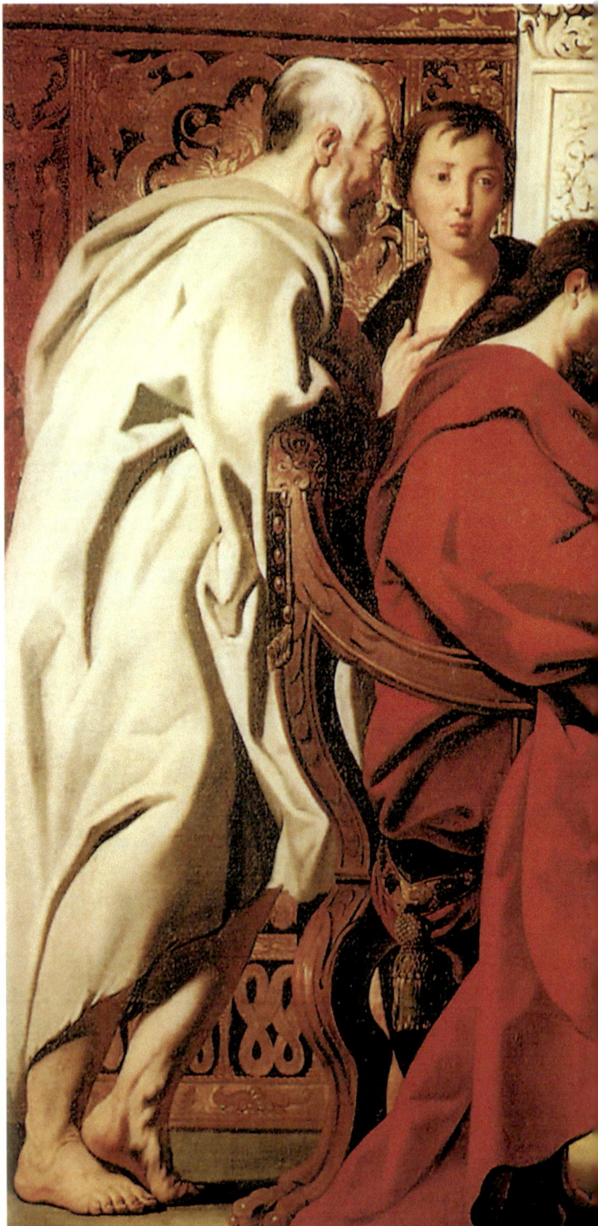

Jacob Jordaens,
Christus im Haus von
Martha und
Maria von Bethanien
(undatiert)

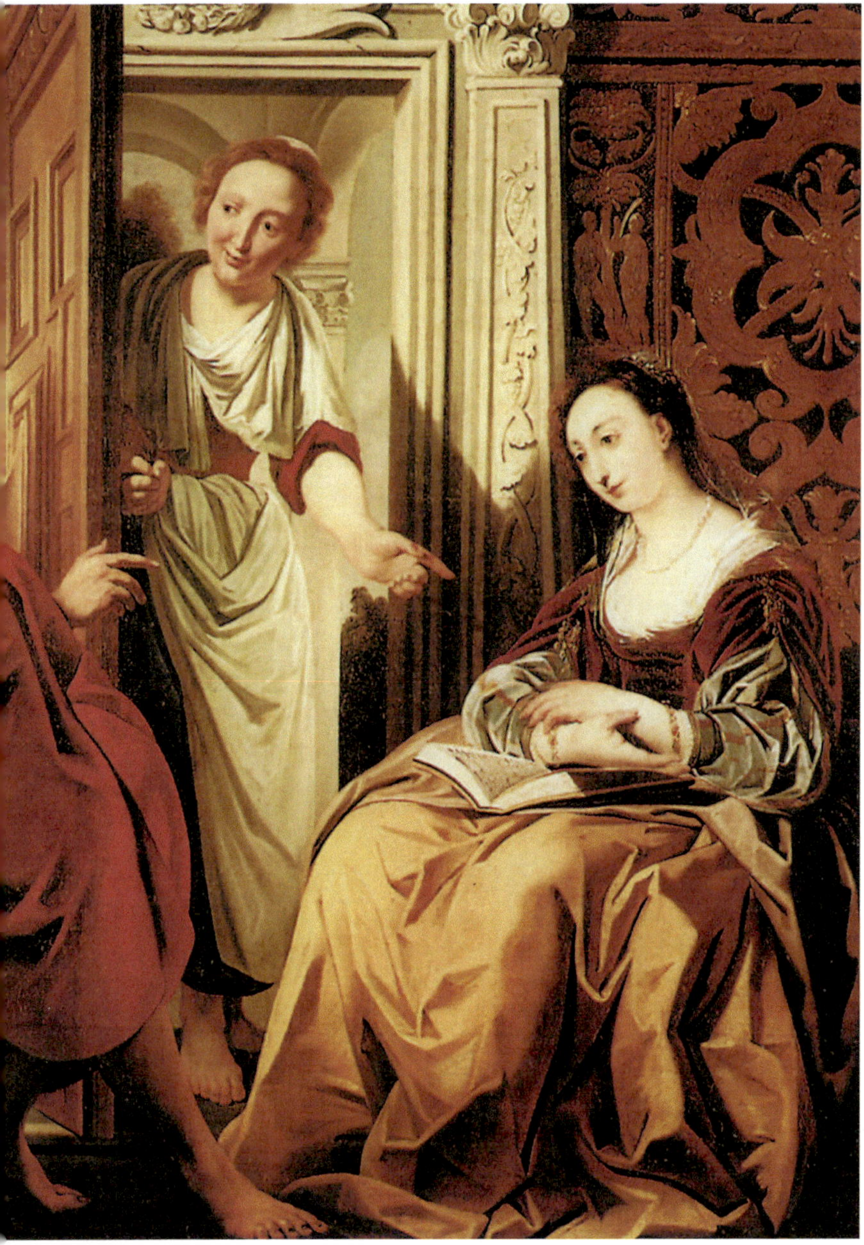

in der Familie und Verwandtschaft, in der Nachbarschaft, in Verbänden und Vereinen, die mit ihrer Freundlichkeit andere anstecken und ermutigen, die einen Blick haben für Benachteiligte, für Menschen mit Behinderung und Hilfebedürftige, die Brücken bauen, damit wir alle in Frieden leben können.

Norbert Bischoff

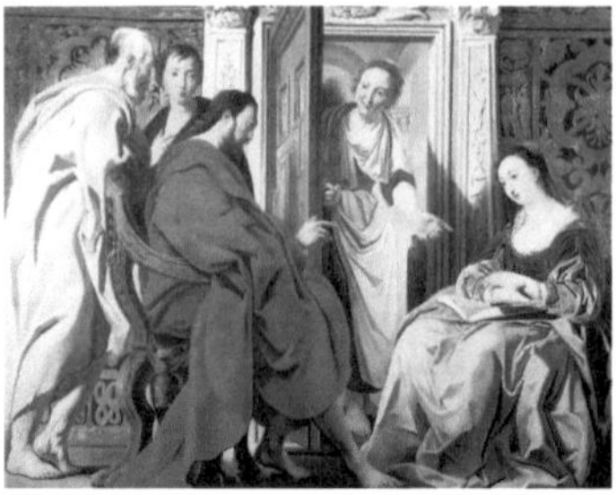

Bewegung reinbringen

Das opulente, farbenprächtige Gemälde von Jacob Jordaens (vorherige Doppelseite) verdient gleich zwei Kommentare. Zwar scheint es auf den ersten Blick die klassische Martha-Maria-Konstellation zu bedienen. Doch was passiert, wenn wir versuchsweise die biblische Geschichte dahinter ausblenden?

Ich sehe noch mal hin. Da fällt mir gleich eine zähe, sich dahinziehende Unterrichtsstunde ein. Oder ein endlos langer Vortrag, der vielleicht auch ein bisschen langweilig ist. Ich denke an endlose Konferenzen und sich festfahrende Gespräche. Selbst wenn man „nur" Zuhörer ist: Die konzentrierte Aufmerksamkeit kostet mindestens genauso viel Energie wie der Vortrag den Redner. Der Kolumnist Émile Chartier empfahl dem Teilnehmer einer langen Sitzung, den zähen Verlauf der Veranstaltung halb dösend und ohne allzu große Aufmerksamkeit zu absolvieren, um am Schluss, wenn alle anderen am Ende ihrer Kräfte sind, ausgeruht und hellwach zu sein.

Hellwach kommt die Frau in der Bildmitte in die Lehrstunde. Fast platzt sie da rein, jedenfalls bringt sie Wind in die getäfelte Stube. Dort findet sie vier Personen vor, von denen sich zwei gegenübersitzen. Ein Lehrmeister referiert vom Katheter, na ja – vom Sessel herab. Er spricht frei, hat kein Manuskript, dafür eine Botschaft, eine Mission. (Wenn der Redner *kein* Manuskript hat, weiß man nie, wann er zum Ende kommt.) Der Vortrag scheint ihn bereits ein wenig zu erschöpfen. Sein Blick geht schon ins Nirgendwo, und der belehrende Zeigefinger sinkt langsam ermattet nach unten. Die aktuell einzige Zuhörerin hat er jedenfalls nicht mehr wirklich im Blick.

Und sie, die blässliche Studentin mit dem Buch auf dem Schoß? Der Kopf will ihr schon nach vorne fallen. Folgt sie dem Lehrer inhaltlich noch? Oder hört sie die Stimme des Predigers vorbeirauschen und hängt innerlich ganz anderen Gedanken nach? Es ist schon eine eigenartige Runde: Zwei sich gegenübersitzende Gesprächspartner, von denen nur einer spricht; die sich nicht ansehen, vielleicht nicht mal mehr wahrnehmen. Die beiden Männer hinten haben sich sowieso schon ausgeklinkt und führen ein eigenes Nebengespräch.

Da geht die Tür auf, ein Lüftchen strömt von draußen rein. Die junge Frau, wir wissen natürlich, dass es Martha ist, die kommt nämlich nicht aus der Küche, wie man vermuten würde, sondern hinter ihr sind Baum und Himmel zu sehen. Sie kommt von draußen rein, aus dem Freien. Sie sieht den Lehrer an, mit großen, wachen Augen. Sie hat die Ärmel hochgekrempelt, die Wangen sind rot, das Gesicht offen. Es kommt eine Frau der Tat. Sie hat ein ganz kleines, wissendes, fast schelmisches Schmunzeln, sehen Sie mal genau hin. Sie ist nämlich sehr klug, sie weiß, was hier vorgeht. Ja, sie kennt das schon, diese endlosen Lehrstunden und erschöpfenden Disputationen. So, sagt sie, kommt mal raus an die frische Luft. Macht alle mal Pause von Schriften, Worten und Büchern. Oder: Es ist nun gut, es gibt jetzt was zum Essen und Trinken.

Oder will sie ihre Schwester da einfach nur rausholen? Ein kleiner Trick wäre da ganz hilfreich: Lieber Herr und Lehrer, ich brauche meine Schwester jetzt bitte mal in der Küche. Die hat das noch gar nicht mitbekommen, aber gleich wird sie sich „erlösen" lassen.

Kann man dieses Bild so gegen den Strich lesen? Oder habe ich gerade doch zu frei hineinfabuliert? Was trauen wir dem Maler zu? Jacob Jordaens hatte zehn Geschwister und war weniger akademisch als ein im Leben gebildeter Mensch. Man weiß, dass er sich auch gegen die herrschende Doktrin positionieren konnte. Im spanisch-katholisch beherrschten Gebiet fiel er durch aufmüpfige Schriften auf, konvertierte später gar. Unter seinen vielen Gemälden gibt es eines mit dem Titel „Das Fest des Bohnenkönigs". Wer das gesehen hat, kann sich diesen Maler als einen vorstellen, der es faustdick hinter den Ohren hat.

Trauen wir ihm zu, dass er mit dem wissenden Schmunzeln der praxisgeerdeten Martha, mit ihren hochgekrempelten Ärmeln, eine kraftvolle Praxisweisheit in die samtschwere Theoriekammer hineingemalt hat?

Norbert Kreis

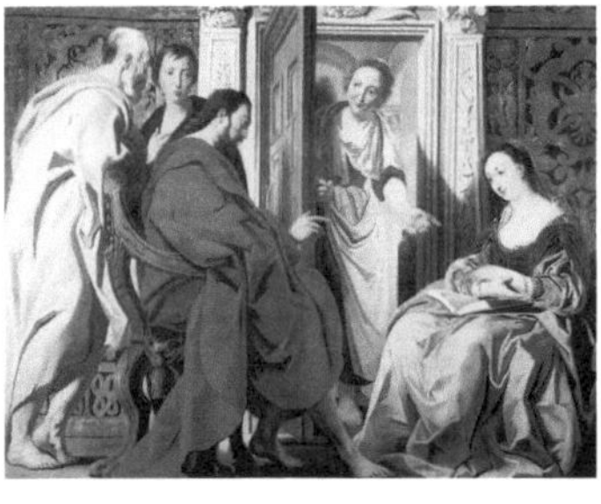

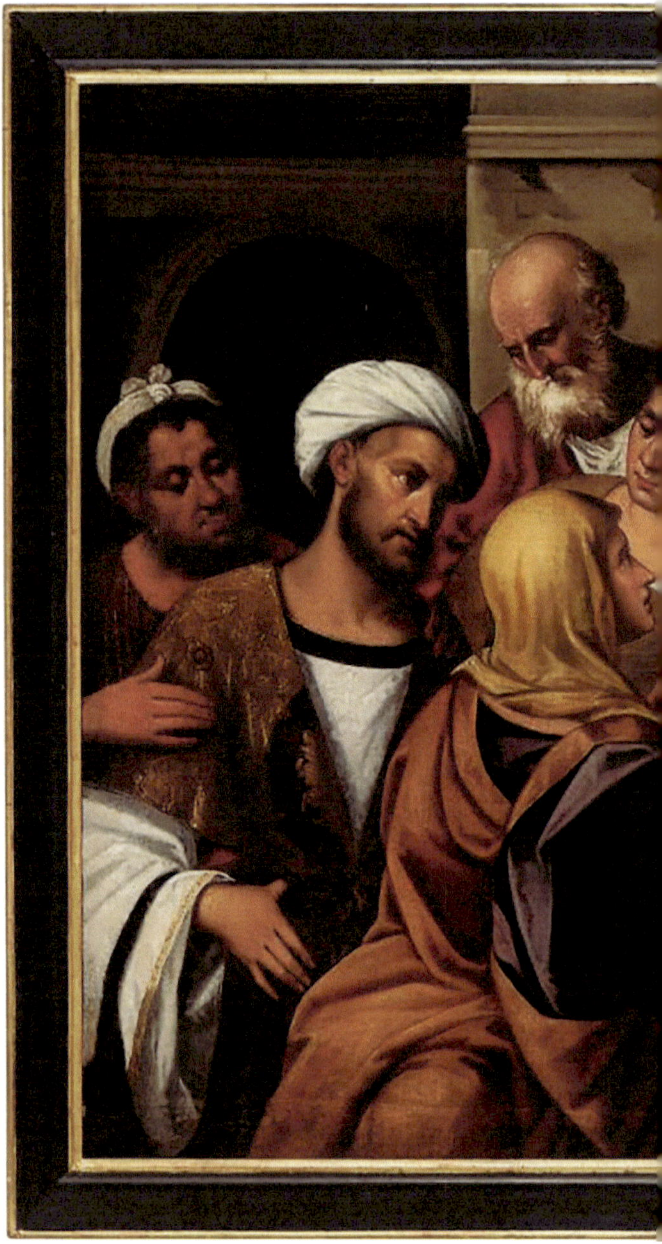

Rocco Marconi,
Christus im Hause
von Martha und
Maria
(undatiert)

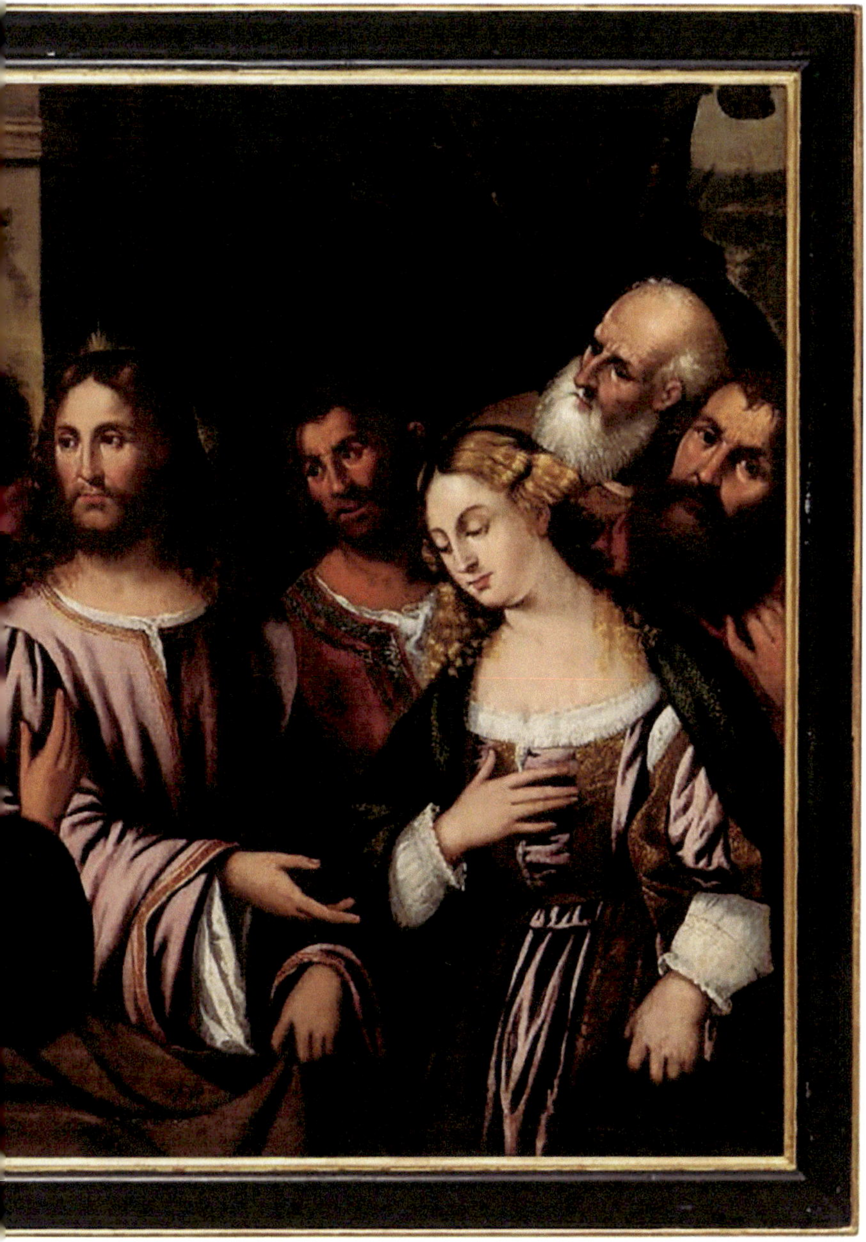

Die Begrüßung

Es ist eine bewegte Begrüßung im Hause der Schwestern! Die sieben Jünger machen um Jesus ein Gewimmel, aus dem Dunkel drängen sie am Eingang ins einladende Haus. Alle blicken erwartungsvoll auf Martha, die sie mit erhobener Hand willkommen heißt. Auch Maria stimmt mit ihrer Handgeste dem Willkommen zu. Martha kommt Jesus an der Haustür entgegen, sie wird alle versorgen: Sie ist so gekleidet mit Kopftuch und Überwurf, dass sie die Becher und den Brotkorb sogleich bereitstellen kann. Die Bewegung der Jünger und ihre Gesichter richten sich freudig auf den Mittelpunkt des Geschehens, sie folgen dem (dankbaren) Blick Jesu zu Martha. Zu Maria zeigt Jesus in bejahender Fingergeste auf die Hand der ihm zugeneigten Maria. Frei von Vorwurf klingt hier sicher auch die biblische Erzählung von dem „guten Teil" der Nachfolge Jesu an. Maria ist neben Jesus der helle Blickpunkt. Alle sind in Bewegung, sie hören gern Marthas Einladung: „Kommt ins Haus!"

Die gediegenen Gewänder lassen eher einen Ausflug als eine längere Wanderung nach Bethanien vermuten. Die Männer sehen weder erschöpft aus noch haben sie verstaubte Wandersachen an. Es ist ein farbenfrohes Bild: Auf dem dunklen Hintergrund des Abends leuchtet das Goldrot („Tizian-Rot") in der Mitte des Bildes, es wird umkreist von den hellen Farben venezianischer Kleider und der Gesichter. Das dunkle Blau des Martha-Kleides lässt aufmerken: Hier ist Verlässlichkeit, hier können alle darauf vertrauen, dass sie über Nacht versorgt werden.

Rocco Marconi (1490–1529) gehörte mit anderen Malern zur Werkstatt Tizians in Venedig, deren Merkmal die besondere Farbgestaltung und die Porträtmalerei waren. Die Jünger auf seinem Martha-Maria-Bild haben die Gesichter jener Maler (z. B. Bellini, Palma, Longhi). Auch der alternde Tizian ist im dunklen Hintergrund zu sehen. Marconi hat seine Zeitgenossen als Jünger gemalt. So sind auch wir eingeladen, freudig mit Jesus Station zu machen, wobei zwei Frauen zeigen, was Nachfolge bedeutet.

Dieter Reiher

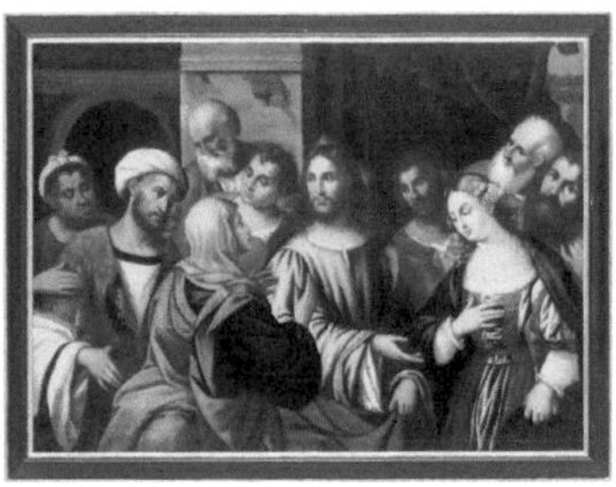

Bösem trotzen

Ist Ihnen schon mal ein Drache begegnet? Wohl kaum. Dabei hat sich der Maler auf dem Bild so viel Mühe gegeben, ihn recht grausam und finster darzustellen.

Natürlich wissen Sie sofort, dass der Drache nur ein Symbol für all das Böse in der Welt sein soll. Und da müssen wir nicht skeptisch sein.

Ja, Böses – das gibt es. Wir müssen nicht gleich an Terror, Krieg und brutale Gewalt denken. Oft erleben wir Böses als Lüge oder Täuschung, als Verrat oder Drohung, als Unrecht oder Betrug.

Was kann man dagegen tun? Man kann dagegen kämpfen. Da fällt uns sicher Siegfried oder der Heilige Georg ein. Mit dem Schwert wird mutig dem Drachen der Kampf angesagt.

Die Martha auf unserem Bild hat kein Schwert in der Hand. Eine mittelalterliche Legende erzählt, dass Martha mit ihren Geschwistern nach Südfrankreich geflohen sei. Dort soll sie mit einem Weihwasserkessel einen Drachen vertrieben haben. Auch sie kämpft gegen den Drachen. Aber anders. Martha-gemäß, oder soll ich sagen: Frauengemäß.

Was bleibt, wenn ich keine Gewalt anwenden will?

Nun: Ich kann weglaufen. Das tut die Bild-Martha nicht, aber es ist durchaus legitim, im Ernstfall Kinder, Alte und sich selbst in Sicherheit zu bringen.

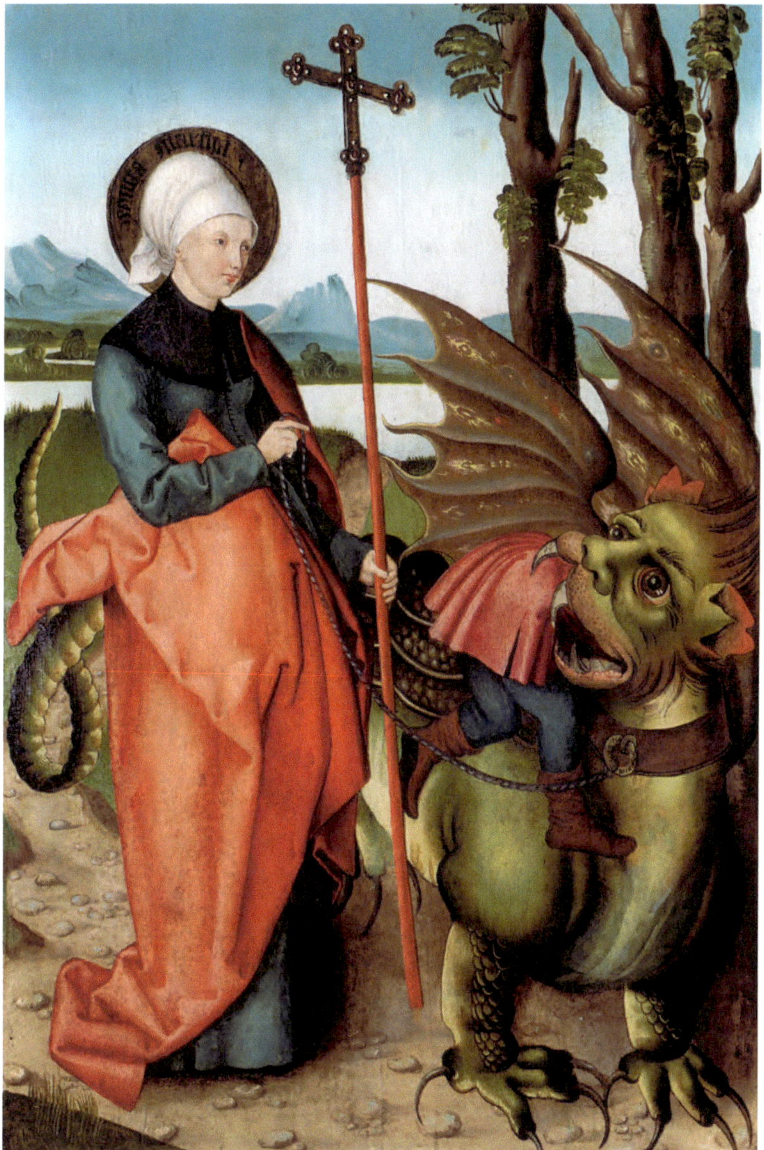

Unbekannter Künstler, vermutlich Wolf Traut, Marthaaltar: Martha und die Zähmung des Drachen (1517)

Nun: Ich kann mit Klugheit und ein wenig Humor, mit konsequenter Rede und Beharrlichkeit die bösartige Situation entschärfen. Manche nennen das Diplomatie – ich nenne das lieber Weisheit.

Nun: Es kann sein, dass ich gegen das Böse machtlos bin und das Unrecht erleiden muss.

Welches der richtige Weg ist, hängt sicher von der jeweiligen Situation ab. Den letzten Weg ist Jesus gegangen. Darauf weist uns Martha hin. Sie hat statt des Schwertes eine Stange mit dem Kreuz in der Hand. So trotzt sie dem Bösen.

Dorothee Mücksch

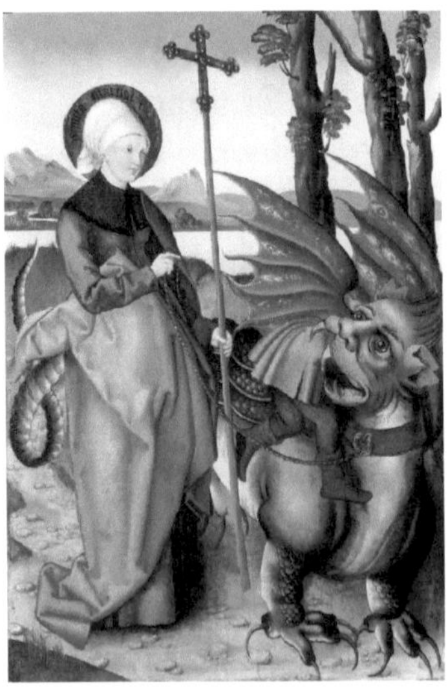

1919

1919 entstand dieser Holzschnitt von Karl Schmidt-Rottluff. Kaum vorstellbar, dass die Ereignisse der Zeit den Künstler nicht bewegt haben. Es ist das Jahr nach dem Kriegsende. Die Zeit des waffenstarrenden Kaiserreichs scheint für immer vorbei, das Porträt des Monarchen wird nicht mehr auf silberne Gedenkmünzen geprägt, und die schwere deutsche Kriegsflotte versenkt sich vor Schottland selbst. Die eiserne Aura löst sich im Nebel auf.

Kann ein kleiner Hoffnungsstern in dieses Jahr hineinleuchten? Beginnt eine Zeit der Mäßigung, des Sprechens statt des Schießens? Wird Raum für Neues? Gibt es Möglichkeiten einer gerechteren Gesellschaft? Darüber wird gerungen, gestritten und abgestimmt, nicht in der großdeutschen Hauptstadt, sondern an abseitigem Ort in Thüringen. Weimar statt Berlin.

Das Bild versetzt den Besuch von Jesus bei Martha und Maria in eine kleine Berghütte, weit abseits der großen Metropole. Es wird diskutiert bis tief in die Nacht hinein. Man reicht eine einfache Brotzeit, denn für ein glänzendes Festmahl ist nicht der Augenblick – zu nah noch die Schatten des Erschreckens und der Trauer in den Gesichtern.

Also lediglich eine kleine Pausenverpflegung, eingebunden in das intensive Gespräch. Es ist ja auch nicht viel Zeit: Nur kurz ist die Möglichkeit des guten Geistes, der zu Besuch kommen will zwischen den Weltkriegen. Der Gast hebt seine Hand, nicht triumphal, nicht als Faust, sondern als Geste der Mäßigung. Vernunft und Mäßigung sind dringend nötig nach der Unmäßigkeit eines vierjährigen Vernichtens, den festgefahrenen Tötungsfronten, der brutalen Kriegsrhetorik. In diesem kleinen Zeitfenster des Verarbeitens und Neubedenkens scheint der kleine Imbiss ungelegen zu kommen, er wird dann wohl „nebenbei" eingenommen.

Der Tisch selbst ist die Konstruktionsfläche der neuen Gesellschaft, deshalb bleibt er frei, ohne allen störenden Ballast, ohne Altlasten. Tabula rasa. Die leere Fläche markiert als Konferenztisch das demokratische Ideenfeld, um das sich die intensive Diskussion gruppiert. In der geschichtlich nächsten Möglichkeitsnische, siebzig Jahre später, waren solche Tische rund.

Der gute Geist ist zu Gast in kleiner historischer Gipfelhütte. Er ist als kluger junger Mann dargestellt: ein engagierter Mensch mit zündenden neuen Ideen. Kein alter Gelehrter, kein weiser Professor. Nicht Heiligenschein oder Lorbeerkranz umgeben ihn, sondern elektrisierende Gedanken und mutige Visionen für eine bessere und gerechtere Welt. Die wird nur im gemeinsamen Ringen um gute Lösungen zu haben sein, und die Beteiligung aller Talente ist gefragt: Es braucht das junge und kluge Engagement mit durchaus revolutionären Ideen (Jesus). Es braucht die kritisch-konstruktive Mitwirkung und die wache Offenheit für Neues (hier im Ethnolook: Maria). Und es braucht das „Ganz-bei-sich-Bleiben", ein kurzes Herausgehen aus der flirrenden Welthektik, die Augen meditativ schließen. Es ist

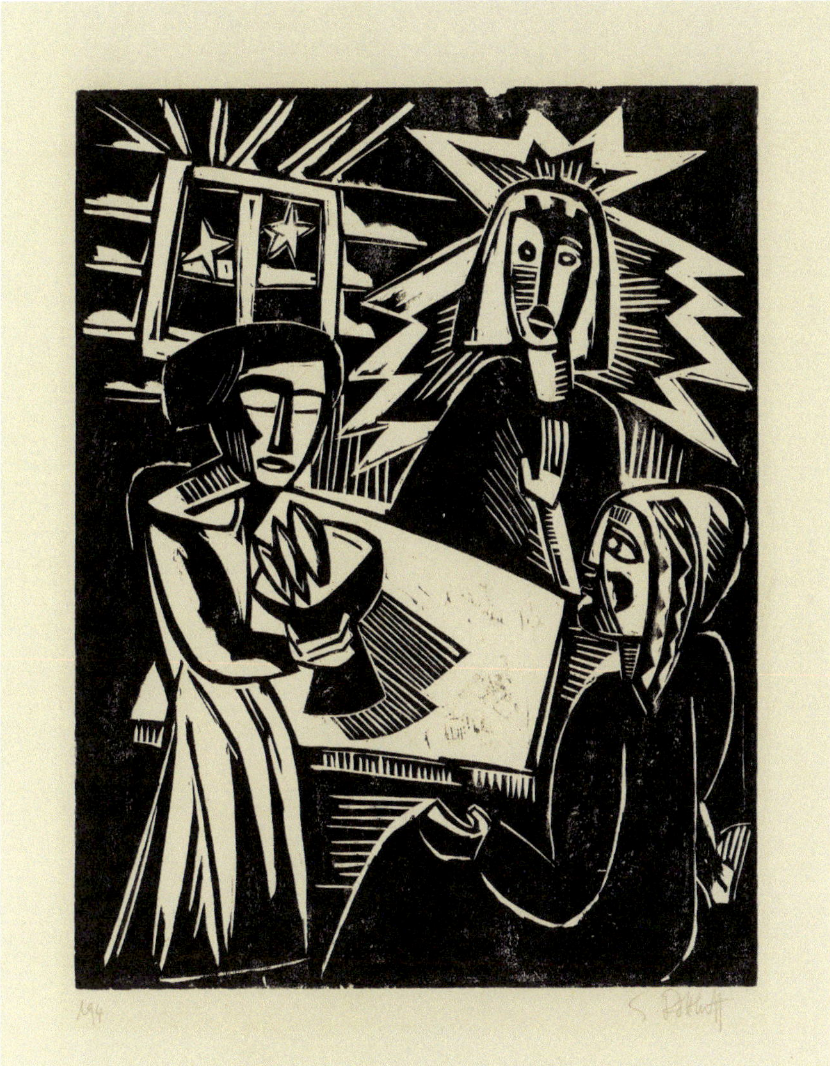

Karl Schmidt-Rottluff, Jesus bei Martha und Maria (1919)

Martha, die das Naheliegende, eine Besinnungs- und Stärkungspause, nicht vergisst.

Norbert Kreis

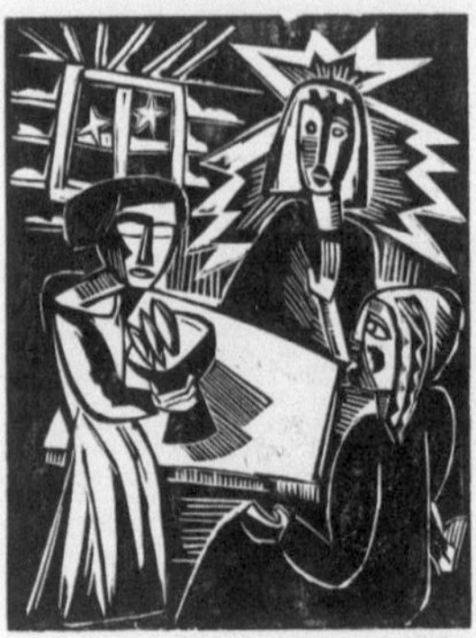

Bei Freunden

Das Gemälde von Johann Friedrich Overbeck entstand 1815. Maria sitzt auf einem Schemel „zu Füßen des Herrn", nachdenkend den Kopf in die Hand gestützt. Mit dem Zeigefinger macht der Gast aufmerksam auf das „Notwendige". Martha, sie stemmt empört die andere Hand in die Hüfte, stellt die Nicht-Mitwirkung der Schwester als Problem in den Raum. Rechts an der schattigen Wand hängt eine Tafel mit dem lateinischen Text aus dem Lukasevangelium, die Antwort Jesu vom notwendigen „guten Teil" der Jüngerschaft. In dieser Darstellung wird aber der andere Teil, das tätige Dienen der Martha, aufgewertet. Mit dem Blick aus dem Fenster, dessen Vorhang aufgezogen ist, kann der Betrachter den Barmherzigen Samariter entdecken. Das Fenster korrespondiert fast auf derselben Höhe mit der Texttafel. Und dann erweitert der Maler das Bild mit der Begegnung Jesu in Bethanien: Der geheilte Bruder Lazarus ist dabei, und hinzugefügt ist auch die Dreiergruppe der Jünger, der bärtige Petrus, Jakobus und der junge Johannes. Sie blicken beobachtend auf die Szene. Sie überlegen vielleicht, dass Hören und Aktivsein für Jünger Jesu zusammengehören.

Hier wird Johann Friedrich Overbeck (1789–1869) als Vertreter der nazarenischen, einer religiös-romantischen Kunstrichtung sichtbar. Das Gesicht des Petrus ähnelt dem Michelangelos, das des mittleren Jüngers dem Raffaels. Der Malstil des Nazareners Overbeck orientiert sich in der

Farb- und Lichtgestaltung an deren Vorbild. Das Bild ist in dunklen Farben gehalten, die den nachdenklichen Gesichtern der Personen entsprechen. Heller tritt das Gewand der Maria hervor, und ein wenig heller das der Martha. Am Rande lehnt der Bruder Lazarus mit seinem hellen Tuch. Die Farben haben die Funktion, die Szene zu verinnerlichen. Der Jünger Johannes oder Lazarus trägt die Züge des Auftraggeber-Sohnes Ludwig Vogel, der zum Freundeskreis der Nazarener, dem katholisch inspirierten Lukas-Bund, gehörte. Ich erkenne in diesem Bild ein Bekenntnis zum hörenden Versenken in Jesu Wort, ohne das Dienen am Mitmenschen zu vergessen.

Dieter Reiher

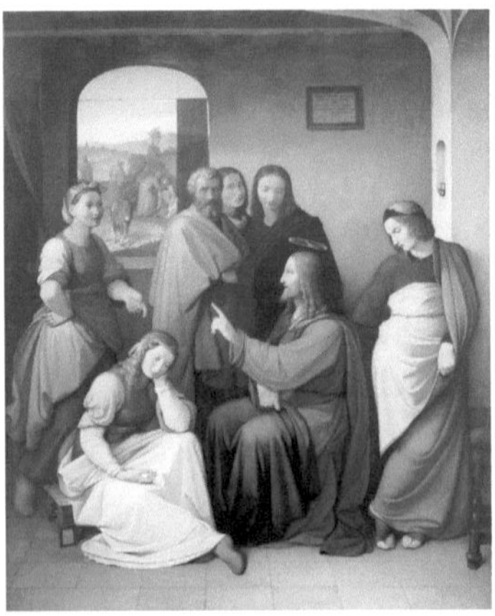

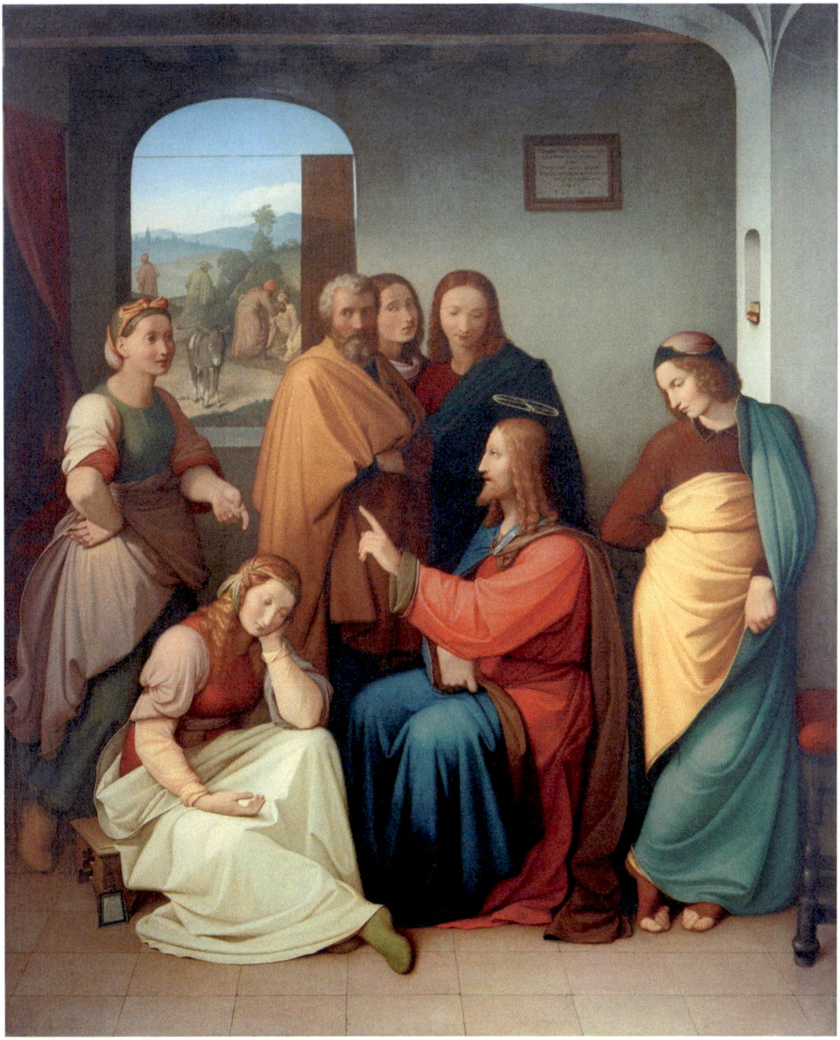

Johann Friedrich Overbeck, Christus bei Maria und Martha (1815)

Zur Teestunde

Das Bild des zeitgenössischen chinesischen Künstlers James He Qi aus Nanking zeigt die Martha-Maria-Szene in einem ganz eigenen Malstil: Die kräftigen Farben im leuchtenden Blau-Gelb und flächigen kubistischen Formen verbinden die einfache chinesische Volksmalerei mit Gestaltungen aus der westlichen Moderne. Sie vermitteln eine gewisse Fröhlichkeit und Innerlichkeit. Ein plakatives, farbintensives, innerliches Bild.

Der Gast grüßt mit erhobener Hand die Schwestern in der Teestube; das Fenster mit dem Blick in die Landschaft verweist darauf, dass er hier unterwegs Station macht. Und bedeutet das Fensterkreuz, dass er auf dem Weg zum Kreuz ist? Seine Kopfbedeckung ist vielleicht eine chinesische Wanderkappe, sie umgibt ihn wie einen Heiligenschein, sein Gastgeschenk ist das Wort des Evangeliums. Er sitzt der Maria zugewandt mit der erhobenen Hand des Lehrenden. Sein Blick geht in die Weite, sein großflächiges Gesicht und seine aufgerichtete Haltung bestimmen das Bild. Maria sitzt vor ihm mit geneigtem Kopf unter der lehrenden Hand Jesu, hört und nimmt mit empfangender Handhaltung sein Wort auf, wie es die Heiliger-Geist-Taube kennzeichnet. Sie ist geschmückt mit Ohrring und roter Blüte im offenen Haar – Hinweis eines vergangenen oder geheimen Lebens?

Mit geneigtem Kopf zu Jesus hin und fast auf gleicher Höhe kommt Martha ins Bild. Ihr Haar ist mit dem Tuch der

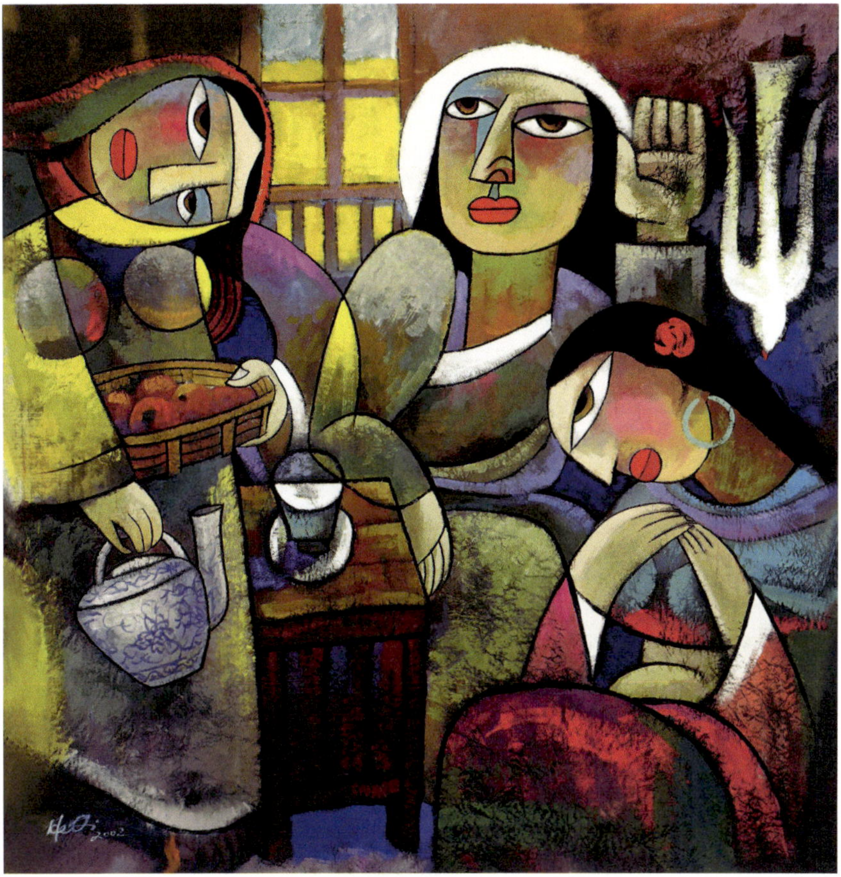

James He Qi (Nanking), Jesus im Hause der Martha und Maria (2002)

Dienenden bedeckt, ihr weites Gewand ist fast verbunden mit dem Gast. Sie trägt die Teekanne und einen Korb mit Brot oder Früchten herein, die Teetasse steht auf einem Beistelltischchen.

Mit der Kleidung, den flächigen Gesichtern und den schmalen Augen der Personen ist der Maler als chinesischer Künstler erkennbar. Die eintretende Martha, die zuhörende Maria und der zugewandte Gast ergeben ein harmonisches Bild. Es gibt keine konfliktgeladene Spannung zwischen den Personen wie im biblischen Text, sondern eine heitere Teerunde. Jede Person gibt, was sie hat: das Gastgeschenk des Wortes, im Haus Brot und Getränk, dazu ein offenes Ohr und die Zuneigung zueinander.

Nichts lenkt von der Begegnungsszene ab, keine überflüssigen Gegenstände des Hauses, weder andere Familienangehörige wie etwa der Bruder Lazarus noch Jünger, die doch mit auf dem Wege sind. Vielmehr nimmt das Bild die Intention auf, alles auf die menschliche Begegnung zu konzentrieren. Beispielhaft erzählt es von der Tugend der guten Gastfreundschaft: den Gast, den anderen, den Reisenden, aktiv und mit Freude aufzunehmen und seine Erzählung zu hören.

Dieter Reiher

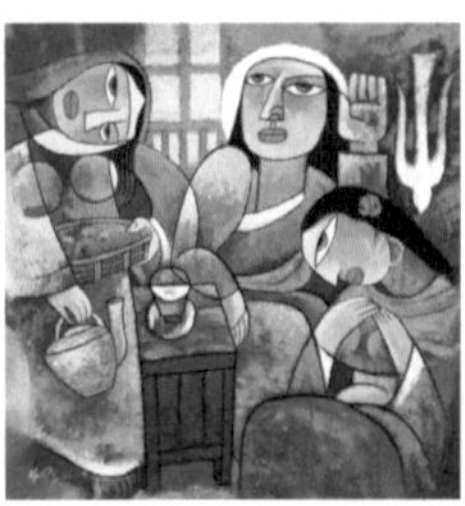

Provokation

Es war nicht weniger als ein Skandal, als 1998 der Bildband „INRI“ mit Texten und Fotos des Schriftstellers Serge Bramly und der Fotografin Bettina Rheims in Frankreich erschien. Bettina Rheims hatte ohne eine Beauftragung dieses Thema für ihre künstlerische Fotoarbeit gewählt. Proteststürme und Gerichtsverfahren wegen Blasphemie und Diffamierung religiöser Inhalte waren die Folge nach der Veröffentlichung, auch in Deutschland. Besonders katholische Gläubige hatten sich von den provokanten Fotos beleidigt und herausgefordert gefühlt. Auf der schwarzen Umschlagseite hängt eine junge schöne Frau am Kreuz – nackt, weiß, nur mit einem Lendentuch bekleidet. So präsentiert sich das Buch dem Betrachter – ein Skandalon!

I N R I – die vier Buchstaben der Kreuzesinschrift geben dem Buch seinen Titel und sind gleichzeitig Provokation pur. Was hatten die Künstler versucht zu vermitteln? Für das heraufziehende 21. Jahrhundert hatten sie die Geschichte Jesu in Bilder der Gegenwart umgesetzt. Die Heilsgeschichte der Evangelien sollte in einen neuen Kontext gestellt werden. Damit stehen Rheims und Bramly ganz in der Tradition der Renaissance, und doch oder genau deshalb provozierten die Fotos damals zur Jahrtausendwende. Bettina Rheims ließ alle biblischen Szenen von Schauspielern, Laien und Modells gestalten und setzte die Szenerie an provokante Orte der Gegenwart. Da finden sich triste Räume in französischen Krankenhäusern, Zerfall

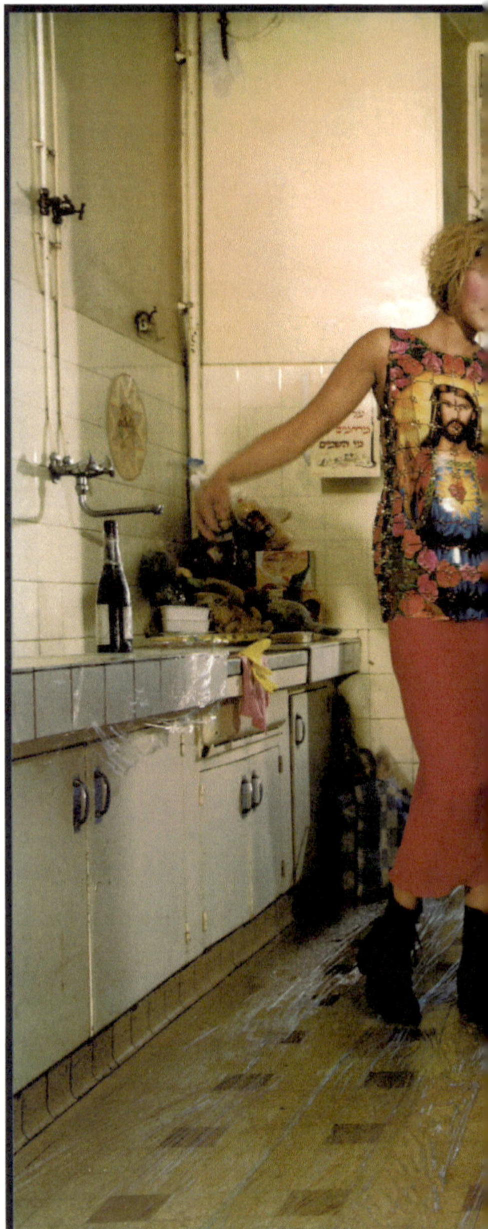

Bettina Rheims,
Das Mahl bei Martha und Maria
(1998)

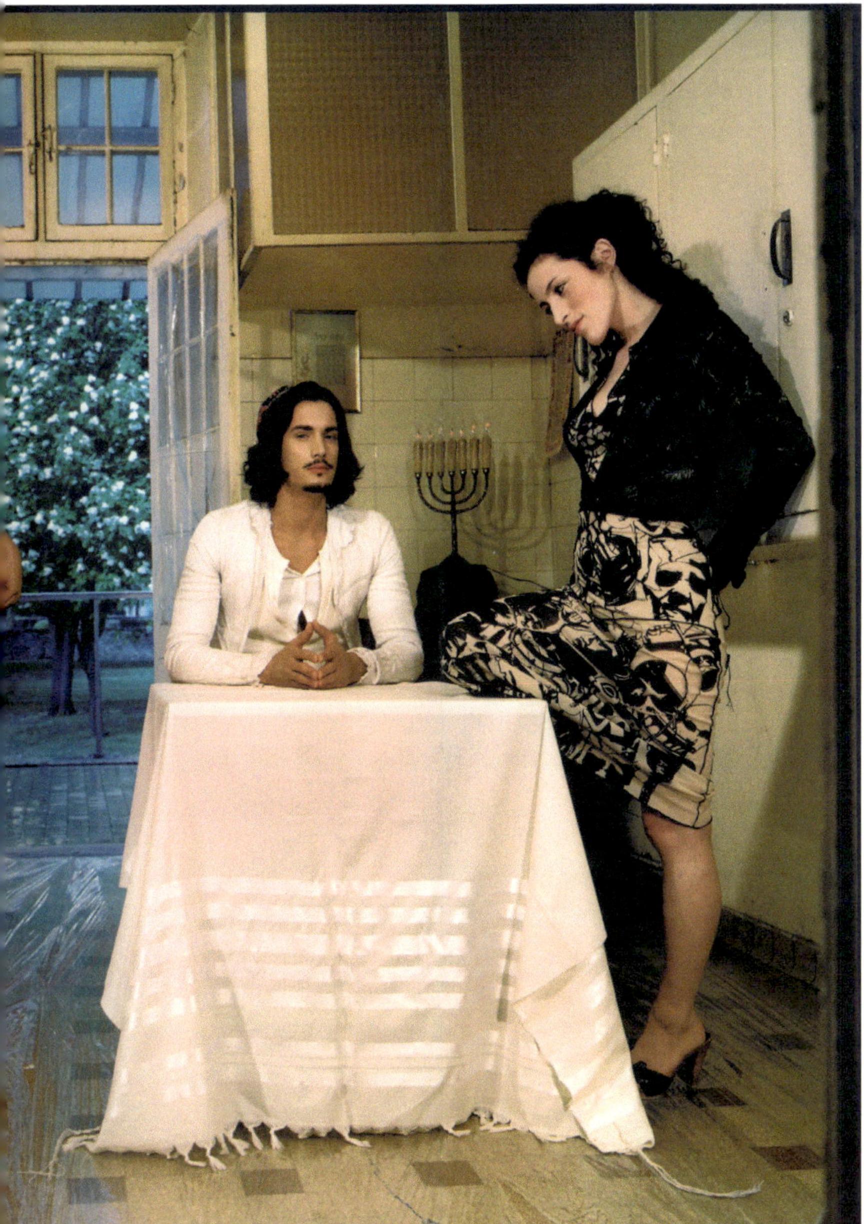

und Trostlosigkeit in Vorortsiedlungen mit Plattenbauten, leere Waggons an vermüllten Bahndämmen genauso wie Szenen in üppigen grünen, fast paradiesisch anmutenden Landschaften und Gärten auf Mallorca. Alle Szenen sind gestellt und inszeniert. Sie wirken wie Hochglanzfotos aus der Werbe- und Modefotografie. Aber es lohnt, sich diesen großartigen Bildern auszusetzen und sie zu ergründen.

Unter der Rubrik „Zeichen und Wunder" befindet sich ein Foto, das Jesus mit den beiden Schwestern Martha und Maria in Szene setzt. Die Begegnung ist in die Küche verlegt. Jesus ist mit den Geschwistern, die in einer Art WG zusammenwohnen und leben, freundschaftlich verbunden. Sie sind, so lässt sich aus den biblischen Befunden vermuten, wohlhabend und können Jesus und seine Jünger problemlos in ihrem Haus aufnehmen und bewirten.

Als Betrachterinnen und Betrachter sind wir hineingenommen in diese Küchenszene der besonderen Art. Jesus sitzt an dem mit einem Tallit (jüdischer Gebetsmantel) bedeckten Tisch. Er trägt eine Kippa, und hinter ihm ist die Menora, der siebenarmige Leuchter, entzündet. Alles Insignien und Symbole der jüdischen Religion. Martha (links) und Maria (rechts) im Bild umrahmen ihn in sehr erstaunlichen Körperhaltungen und sind doch ganz bei sich selbst und eigen. Maria trägt ein enges schwarz gemustertes Kleid, provokant und doch auch wieder lässig streckt sie ihr Knie auf den Tisch mit dem Tallit. Das entblößte andere Bein steckt in eleganten, hochhackigen Pantoletten. Ihr Blick ist auf Jesus gerichtet. Der allerdings nimmt das nicht wahr. Sein Blick geht zum Betrachter, zur Betrachterin. Seine Fingerspitzen berühren sich und bilden ein konzentriertes Dreieck. Martha dagegen ist bekleidet mit einem roten Seidenrock, einem Herz-Jesu-Shirt und schwarzen Boots. Mit geschlossenen Augen scheint sie, völlig in sich ruhend, selbstvergessen, die Schwester und Jesus gar nicht wahrnehmend, in eine zarte Tanzbewegung versunken.

Was ist das Herausfordernde, das Provokante? Jesus sitzt in stoischer Schönheit am Tisch, die beiden Schwestern nicht anblickend oder mit einer Geste sich ihnen zuwendend, wirkt er abwesend. Maria nicht devot lauschend zu seinen Füßen sitzend, sondern stehend, in klarer selbstbewusster Körpersprache, sich ihrer Schönheit und Begehrlichkeit bewusst, schaut sie auf Jesus herab. Eine schöne junge Frau zeigt sich Jesus mit interessiertem Blick. Martha, zwar in der Nähe der Küchenzeile stehend, aber keineswegs beim Zubereiten der Speisen, sondern mit geschlossenen Augen bewegt sie ihren schönen Körper tänzerisch. Es gibt kein Essen. Nichts ist zubereitet. Die Einkaufstasche, gefüllt mit Lebensmitteln, steht wie achtlos hingestellt in der Ecke neben der Tür, und auch die anderen Lebensmittel, fein in Klarsichtfolie verpackt, liegen ohne Ordnung auf der Arbeitsplatte neben dem Abwaschbecken gestapelt.

Die Küche bleibt kalt! Keine der beiden Schwestern macht Anstalten, Jesus zu bewirten. Es lohnt sich auch, einen genaueren Blick auf die Küche selbst zu werfen. Die Möbel sind abgenutzt, lange im Gebrauch, weit entfernt von unseren modernen Hochglanzküchen. Überhaupt hat der Raum wenig Einladendes und Gemütlichkeit. Der geflieste Fußboden, die geöffnete Glastür, Teile der Arbeitsfläche sind mit Klarsichtfolie eingepackt. Was soll hier geschützt werden? Oder wovor schützt die Folie? Warum? Ist darin ein Hinweis auf jüdische Speisevorschriften zu finden?

Der Blick in den Garten: ein blühender Baum, Frühling, Weite, Leben ... Es bleibt nicht bei der Begegnung in der Enge der ungemütlichen Küche. Die geöffnete Tür zeigt die neue Perspektive, die die Begegnung mit Jesus bedeutet. Es gibt neue Möglichkeiten für beide Frauen. Bettina Rheims schafft es mit ihrer Darstellung der Begegnung der beiden Schwestern mit Jesus, sich mit den Rollenzuweisungen für Frauen auseinanderzusetzen, sie zu hinterfragen und neue Sichtweisen auf Beziehungen, auf Lebensmöglichkeiten jenseits von Klischees und üblichen Kategorien in den Blick zu nehmen.

Die abendländische Auslegungstradition hat diese beiden Frauengestalten Martha und Maria als Typen für verschiedene Lebensweisen angesehen. Maria steht für das kontemplative, geistige Leben, Martha dagegen für das tätig praktische Leben. Letzteres ist zwar nötig, aber dem geistigen Typus untergeordnet. Damit entsteht nicht nur eine Gegenüberstellung, sondern eine Einordnung in eine Rangordnung. Maria hat sich „den guten Teil gewählt" oder noch deutlicher in seiner Bewertung die Übersetzung: Maria hat „das Bessere gewählt". Bettina Rheims macht mit ihrem Foto deutlich, beides ist in uns Frauen und beides ist gleichwertig. Wir müssen nicht wählen zwischen der Kontemplation und dem Handeln. Wir können handeln, tätig sein und auch sein wie Träumende. Die Künstlerin zeigt eine selbstbewusste und aktive Maria, und sie zeigt Martha auch mit ihrer anderen Seite – in sich ruhend, leicht, träumend.

Es scheint, als hätte Bettina Rheims die Rollen der beiden Schwestern getauscht und dabei doch nur unserem Rollendenken, unserem schnellen Urteilen und Bewerten einen Denk- oder besser einen Blickzettel verpasst. Es lohnt sich, genau hinzuschauen, sich berühren zu lassen, durchaus auch in der beabsichtigten Provokation, und die eigene Perspektive zu verändern.

Birgit Schuster

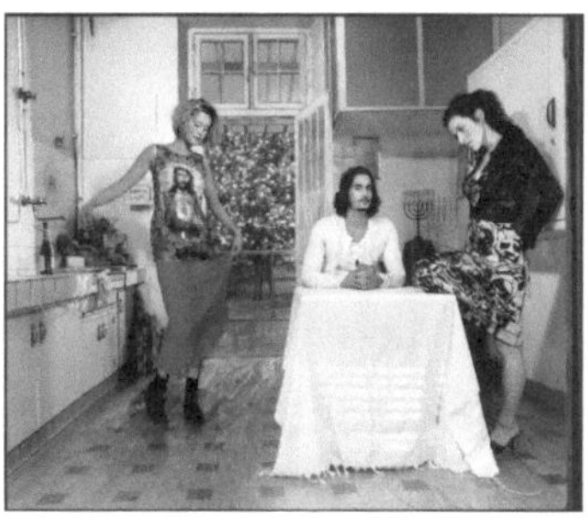

Arbeit und Leben

Martha – Frau, Mensch fürs Grobe, fürs tägliche Klein-Klein, fürs Saubermachen, fürs Essenbesorgen, fürs Zubereiten, für das Wohlfühlen der Gäste: In manchen Ländern des Südens begrüßt die Frau den Gast mit tiefem Knicks, um sich danach zurückzuziehen und die „weitere Betreuung des Gastes dem Mann zu überlassen" …

Was aber sagt Marthas Gesicht? Was sagt der vom Schmollen zur Sehnsucht sich wandelnde Blick an Sehnsucht nach Gespiegeltem, für sie Unerreichbarem? Und worauf weist der mahnende, vor dem geahnten Kommenden warnende Blick und der Finger der anderen Frau hin? Hinter der jungen Frau taucht sie auf, die Ältere: Sollen ihr Blick, soll ihr auf den Oberarm Marthas gelegter Zeigefinger an die aus geordneter Vorzeit kommende Tradition erinnern, an bewährte Sitte und Sittlichkeit?

Dabeisein, Teilhabe an einer anderen Welt, die mit diesem Gast hereintritt – gibt es das für die den Gast betreuende Frau nur als Gespiegeltes, ganz nah und zugleich unerreichbar?

Wir ahnen etwas vom Mut der ehemaligen Hallenser Stiftung für Frauen, die vom geordneten, aber kargen Landleben in die Stadt kamen. In den Umwälzungen des ausgehenden 19. Jahrhunderts suchten sie nach neuen Arbeits- und Lebensmöglichkeiten. Aber zur Bleibe fanden sie in den wachsenden Städten nur die Straße. Ob jene Stifter wussten, dass sie den Grundstein für eine Entwicklung legten, die wir häufig EMANZIPATION nennen?

In der Erzählung dieses Bildes geht es freilich um mehr als Emanzipation: Noch wagt Martha nicht den Schritt ihrer Schwester. Noch versteckt sie ihre Sehnsucht nach TEILHABE im Versuch, die Schwester in sittlich erscheinende Tradition zurückzuzwingen und dazu den Gast zu instrumentalisieren: Der Gast selbst soll die ihm zuhörende Maria daran erinnern, dass der Platz auch für sie an der Seite ihrer Schwester Martha und der Arbeit ist. Aber der durchschaut Martha, ohne sie bloßzustellen. Mit seinem Wort eröffnet er eine neue Welt: In dieser neuen Welt gehören ARBEIT und LEBEN in geschwisterlicher Teilhabe zusammen.

Günter Buchenau

Jesus im Haus von Martha und Maria

Diego Velázquez Gemälde „Jesus im Haus von Martha und Maria" ist völlig als Genreszene gegeben. Der berühmte spanische Maler hat in der frühen Zeit seines Schaffens in kräftigen Hell-Dunkel-Wirkungen realistisch gestaltet. Dazu gehört auch dieses 1618 entstandene Gemälde, das sich in London in der National Gallery befindet. Die junge Magd, die einen Mörser betätigt, schaut unwillig dem Betrachter entgegen. Die alte Dienerin ermahnt sie zur Arbeit, wie an der Geste erkennbar ist. Auf dem Tisch liegen zwei Eier, Knoblauchzehen und

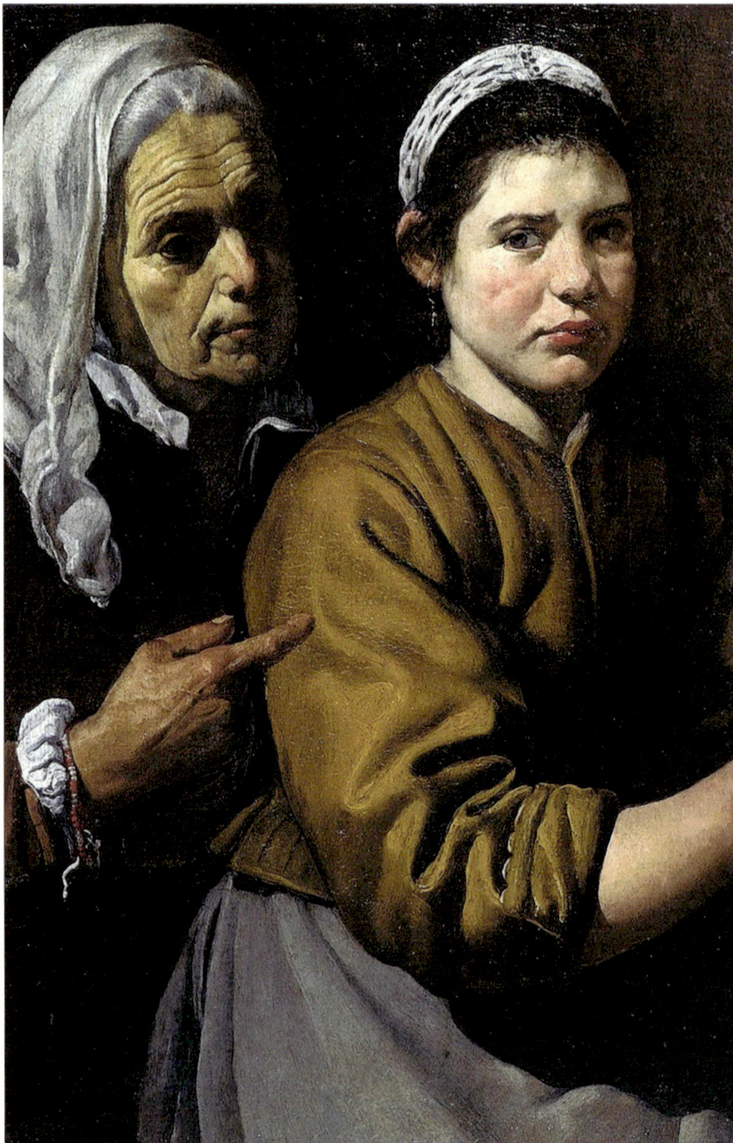

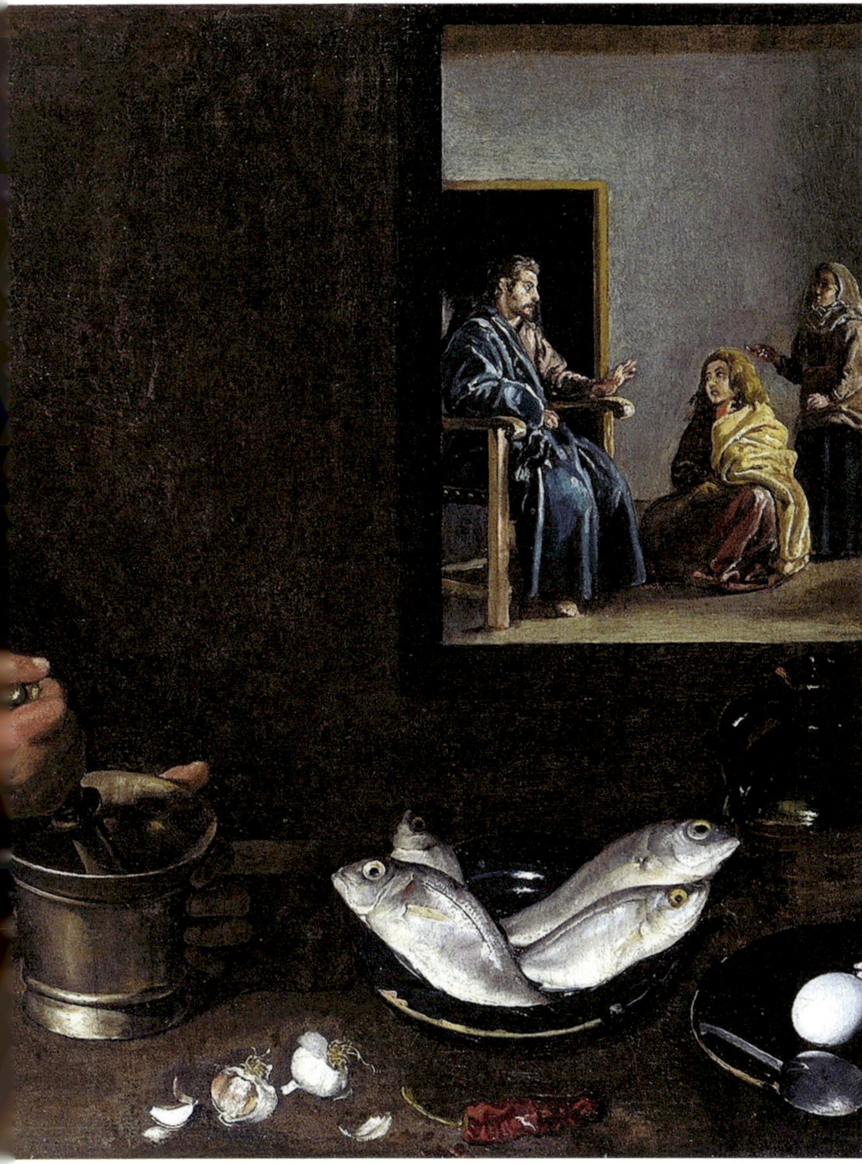

Diego Velázquez, Jesus im Haus von Martha und Maria (1618)

vier Fische. Die Gleichheit der christlichen Symbole könnte man allgemein als Zeichen der Gleichsetzung verschiedener Betätigungen verstehen. Denn vielleicht meinte Velázquez aus seinem Zeitverständnis heraus, das Aufnehmen des christlichen Glaubens sei ebenso wichtig wie die Nächstenliebe im tätigen Christentum. Die rechts am Bildrand angebrachte Szene stellt dann die Begegnung von Christus mit den beiden Schwestern dar.

Eva Wipplinger

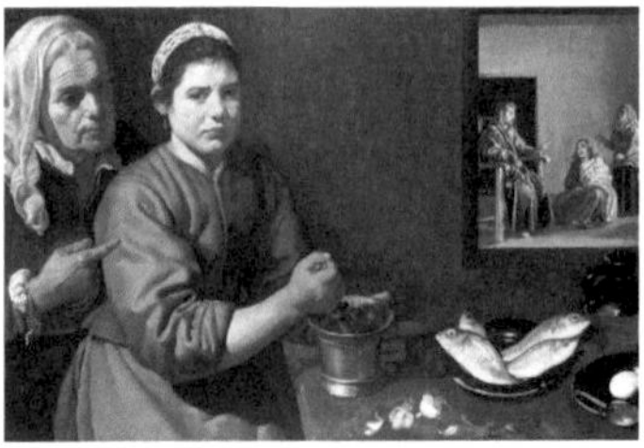

Dramatisch – Versöhnlich

Das Bild des Malers Jacopo Tintoretto aus Venedig stellt die Maria-Martha-Geschichte emotional und dramatisch dar. Das um 1580 entstandene Ölgemälde im Großformat wurde als Altarbild für die Dominikaner-Kirche in Augsburg geschaffen. Tintoretto malte die venezianisch gekleideten Figuren mit starken Bewegungen, Lichteffekten und belebtem Hintergrund (im Manierismus-Stil). Auffallend sind die hellen Flächen: Die Gesichtsfelder der beiden Frauen fließen in die sprechenden Hände, die helle Tischfläche mündet von den Händen Jesu aus in den hellen Arm der Martha. Der (göttliche) Schein um Jesu Haupt korrespondiert mit den anderen hellen Flächen. Der Maler hat das Geschehen dramatisiert: Martha fällt fast ins Bild und stört gewissermaßen die Beziehung Maria–Jesus. Die Hausherrin Martha gebietet mit Kopfbewegung und Zeigefinger der untätigen Maria, ihr zu helfen: „Jetzt ist Schluss mit dem Rumsitzen! Tu endlich was und hilf mir in der Küche!" – so höre ich sie rufen. (Anders in der biblischen Geschichte: Martha redet dort zu Jesus und er antwortet Martha.) Rechts hinter Martha ist eine tätige Küchenmagd mit Zubereitungstisch und Tellern zu sehen. Jesu Kopfhaltung und seine einen Kreis gestaltenden Hände sind auf das konzentrierte Hören der Maria gerichtet, sie hat offene Hände.

Wollte der Maler zeigen, dass Jesus die Aufforderung der Gastgeberin aufnimmt, sollte das Tätigsein unterstrichen werden? Da sitzt mit am Tisch Lazarus, der Bruder

der Schwestern. Seine Handbewegung zeigt auf Martha. Vielleicht erinnert er daran, dass Gottes- und Nächstenliebe gleich wichtig sind. Im Hintergrund, mit dem Blick aus dem Fenster, diskutieren Jünger über der aufgeschlagenen Heiligen Schrift offensichtlich dieselbe Frage. Neben Lazarus tragen zwei Personen Brot herein.

Und was will dieses Altarbild den Dominikanern in Augsburg sagen? Die Maria-Martha-Geschichte galt damals als Beispiel für die „vita activa" und „vita contemplativa" (tätiges und betrachtend-meditatives Leben). Der Dominikanerorden sieht seine Aufgabe in der pastoralen Tätigkeit, in Predigt und Seelsorge. Will Tintoretto den Dominikanern sagen, dass sie dabei die Sorge um Leib und Leben der Menschen nicht vergessen sollen? Denn zu allen Zeiten ist aktive Hilfeleistung notwendig, weil es Hilfsbedürftige, Flüchtlinge, Schwache, Kranke gibt. Dem Maler war wohl bewusst, dass unmittelbar vor der biblischen Maria-Martha-Geschichte die Erzählung vom barmherzigen Samariter steht, die mit der Aufforderung Jesu schließt: „Geh und mach es ebenso" (Lk 10,37 GN). Versöhnlich zeigen die gestaltenden Hände Jesu auf dem Bild, dass beide Teil des christlichen Lebens zu einem runden Ganzen werden können. Dafür stehen zwei Frauen als Beispiel.

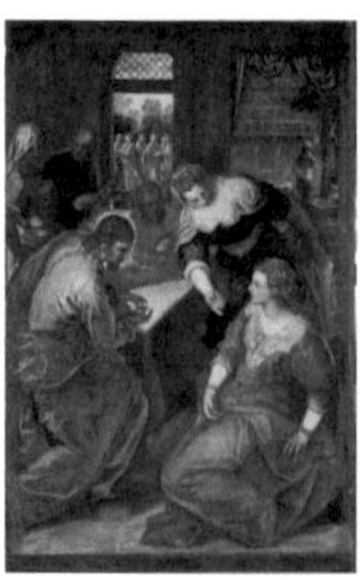

Dieter Reiher

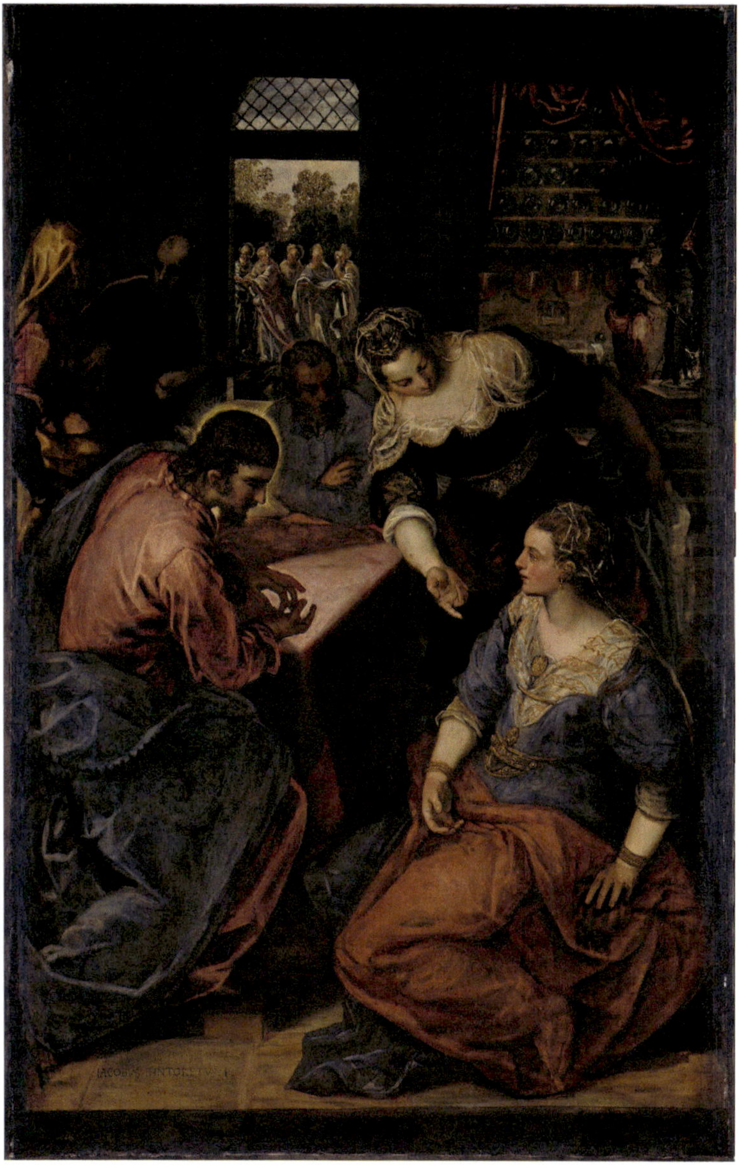

Jacopo Tintoretto, Christus bei Maria und Martha (ca. 1580)

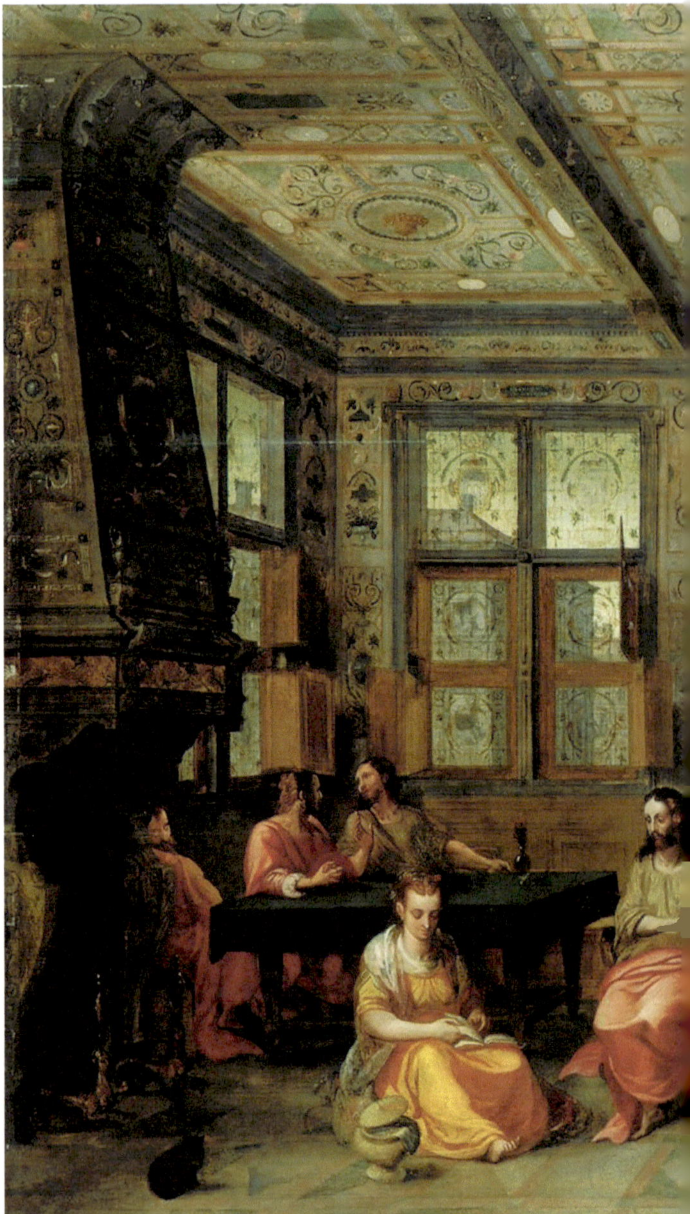

Hans Vredeman de Vries, Christ in the House of Martha and Mary (1566)

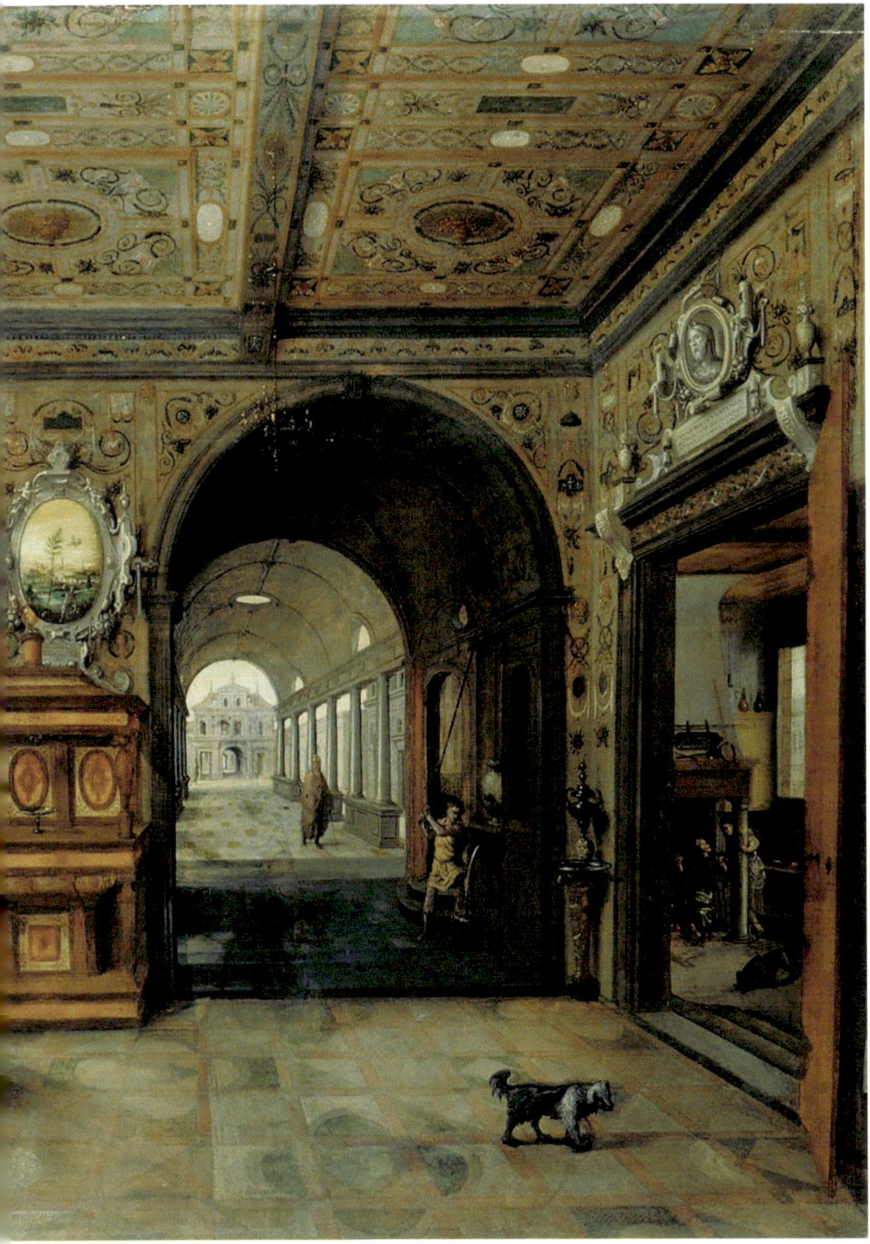

Wo ist Martha?

Wenn man im digitalen Raum nach Martha-Szenen sucht und auf den Namen Vredeman de Vries trifft, passiert etwas Ungewöhnliches: Der Betrachter sieht ein Bild des Vaters Hans und ein Bild des Sohnes Paul. Beide mit nahezu identischem Titel wollen sie Christus im Haus von Martha und Maria zeigen. Natürlich unterscheidet beide vieles. Das Wichtigste fällt sofort auf: Wo ist Martha auf dem Bild des Vaters Hans? Ist sie jene schemenhaft angedeutete Person im rechten Nebenraum, die kaum erkennbar mit jemandem im Gespräch ist? Wo ist Martha? Ist sie die Frau, die in der Mitte des Bildes mit dem Mann redet, wobei sie ihm zu Füßen sitzt und ein Buch hält? Nein, das ist wohl eher Maria. Also: Wo ist Martha?

Vieles ist verwirrend an diesem Bild von Vredeman de Vries: dass sich der gemütliche Raum unwillkürlich öffnet in eine Art Passage hin zur Straße, dass wie an einem Schanktisch die Männer hinten im Gespräch sind und so gar keine Notiz von dem Geschehen im Vordergrund nehmen, dass Frau und Mann vorne eigentlich eine bildliche Einheit darstellen und doch beide nach innen gekehrt sind. Und dazu die beiden Haustiere: die Katze, die vorm Kamin verweilt, und der Hund, der wie ein Geprügelter oder wie ein Streuner abzieht.

Wie Hund und Katze? Sind sie so, die Schwestern? Wo du bist, kann ich nicht sein? Entweder du oder ich, zweigeteilte Existenz? Ist sie deswegen abgezogen in die Küche, die Martha, dorthin, wo sie sicheren Boden unter den Füßen hat?

Und welches Leitbild steckt hinter dieser Darstellung? Die still betrachtende Frau bekommt alle Aufmerksamkeit. Vita contemplativa. Während die arbeitende, die schaffende Frau den Rückzug antritt wie ein geprügelter Hund. Jahre später hat Paul Vredeman de Vries Martha aus der Küche herausgeholt und sie vorwurfsvoll in die Stube gestellt. Klassische Darstellung.

Mich interessiert das Gemälde des Vaters mehr als das des Sohnes. Die vielen offenen Enden, mit denen dieser spielt und die Raum für die Ahnung lassen. Für die Ahnung, wo Marthas guter Ort eigentlich ist. In Gedanken kommt sie für mich aus der Passage, direkt vom Markt. Hat noch schnell das geholt, was nicht im Hause war. Und wird damit auch zur Herrin der Passage. Unterbricht die Verhäuslichung. Geht raus und wieder rein. Und schafft. Dass sie dabei denkt und fühlt, steht außer Frage. Dass sie dabei vielleicht nicht zur Ruhe kommt, auch. Könnte aber sein, dass es ihr dort, am Kamin, auch zu statisch ist. Vredeman de Vries hätte das alles sicher nicht so gesagt. Aber mit der Martha, die ich suchen muss, lässt er mir Raum fürs Offene, für die Spielarten von Leben, jenseits der Dichotomie.

Dorothee Fuchs

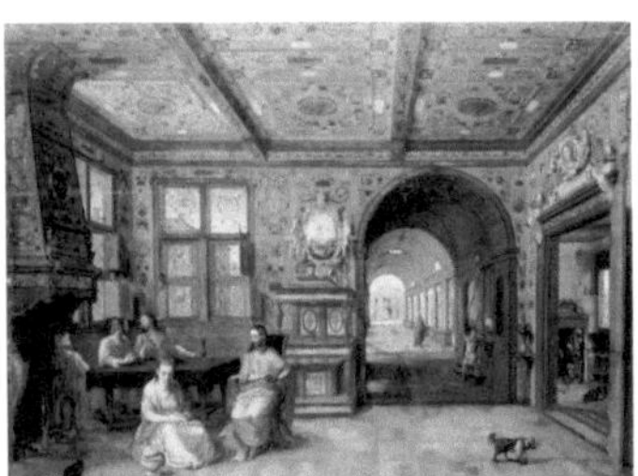

Courage

Auf dem Bild von Hans Burgkmair d. Ä. tritt Martha in Begleitung ihrer beiden Geschwister, Maria Magdalena und Lazarus, auf. Hier ist sie nicht die dienende Magd in der Küche, sondern die stolze Herrin des Hauses. Der aramäische Name Martha heißt übersetzt „Herrin".

Jesus war mit den drei Geschwistern befreundet und des Öfteren zu Gast bei ihnen. Berühmt wurde sein verspätetes Erscheinen, nachdem Lazarus gestorben war. Auch hier ist Martha die, welche die Initiative ergreift und Jesus ungeduldig herbeiruft, während Maria zuhause sitzen bleibt. Sie ist aber auch die Erste, die Jesus, nachdem er Lazarus zum Leben erweckt hatte, als den Gottessohn bekennt.

Auf unserem Bild von Hans Burgkmair d. Ä. ist Jesus im Haus der Martha zu Gast. Aufrecht stehend ist sie es, auf die alle Blicke gerichtet sind. Sie ist es, die auch durch die Bewegungen der Hände und der Finger in besonderer Beziehung zu Jesus steht. Es wird angenommen, dass Martha eine der ersten Christinnen war, die eine Art Hauskirche betrieb, in denen sich nach der Kreuzigung Jesu die ersten Christen versammelten. Martha tritt hier als selbstbewusste Hausleiterin auf, die die Geschäfte organisierte, die Gäste versorgte und sich auch um Sterbende kümmerte. Eine couragierte Frau, die wie keine andere zum Vorbild für die modernen Marthahäuser unserer Tage wurde. In der späteren Tradition wurde Martha auch als Apostelin und

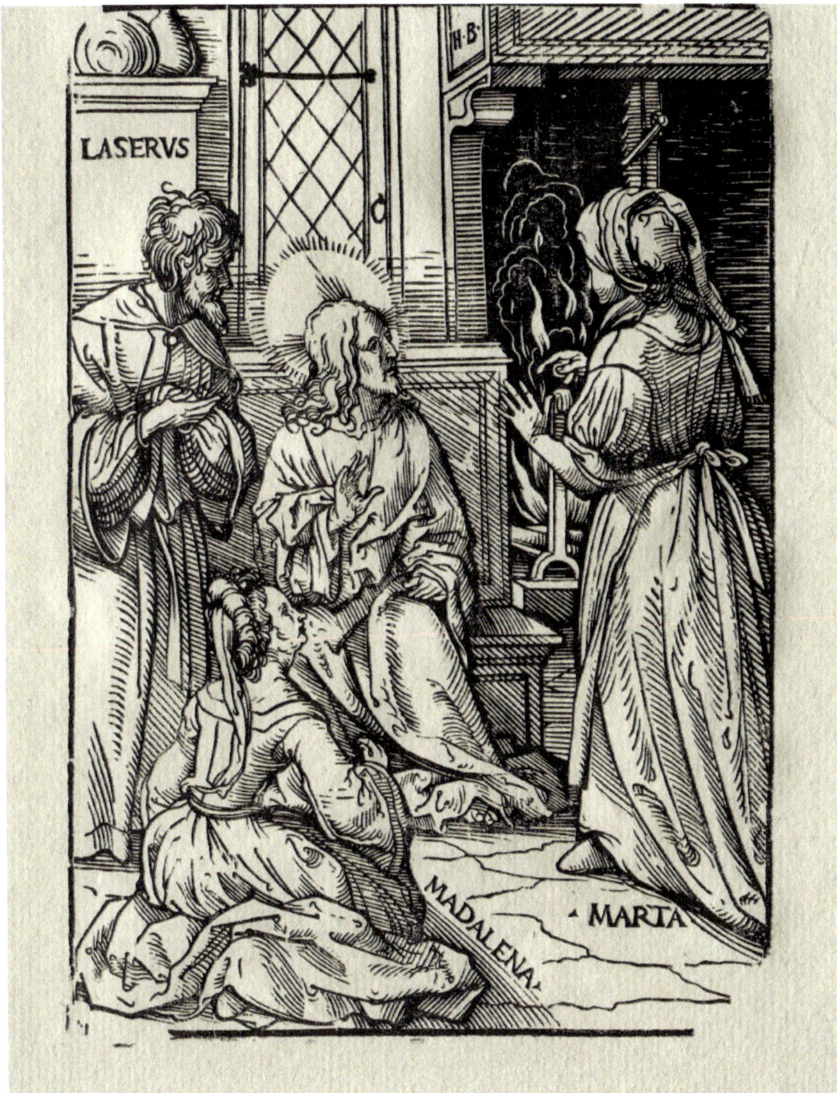

Hans Burgkmair d. Ä., Christus bei Maria Magdalena, Martha und Lazarus (1510)

Diakonin bezeichnet, Ämter, die anfänglich nur Männern vorbehalten waren, aber schon in johanneischer Zeit auch Frauen anvertraut wurden.

Friedhelm Kasparick

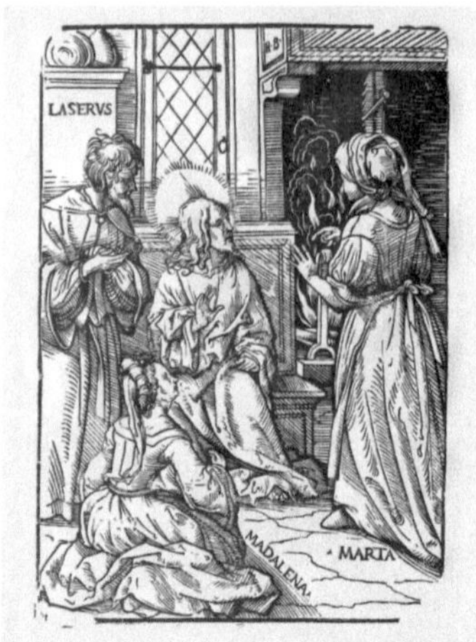

Die Schwestern von Bethanien

Wie freundlich sie sich anblicken! Fast haben wir das Gefühl, in ihr Lächeln mit einbezogen zu sein. „Die Schwestern von Bethanien" nennt der englische Bildhauer John W. Wood seine Skulptur. Reich fließende Gewänder, locker drapierte Kopftücher und weiche Körperbewegungen bestimmen den Eindruck dieses Werkes.

Schwestern: In dieser Darstellung sind sie sich liebevoll zugewandt. In ihrer Kindheit wird es wohl nicht immer so gewesen sein. Zank und Neid waren sicher oft auf der Tagesordnung: Wieder hat sie die fröhliche Blumentasse zum Frühstückskakao bekommen. Immer hat die andere das hübschere Kleid an und die buntere Schleife im Haar. Warum zieht Vati meine Schwester immer vor, wo ich mir doch so viel Mühe gegeben habe, ihm zu gefallen?

Zum Glück hören solche Kabbeleien, je älter man wird, wieder auf. Irgendwann ist man froh, eine Schwester zu haben. Irgendwann wird eine Schwester so etwas wie eine beste Freundin. Es ist so schön, jemanden zu haben, der einen versteht. Wo man einfach so anrufen kann: Du, das muss ich dir jetzt erzählen. Und wenn man wieder mal die Welt nicht mehr versteht, wenn einem alles über den Kopf wächst – sie kann zuhören und trösten.

Diese Erfahrung habe ich hier im Marthahaus beobachtet. Manch ältere Frau ist, oft nach Verlust ihres Mannes, hierhergezogen. Oft dauert es nicht lange, und sie findet eine mütterliche Schwester und Freundin.

Von außen gesehen hat das manchmal etwas ganz Rührendes an sich. Aber wie gut, dass es das gibt. Wenn Sie jetzt noch mal auf die Skulptur blicken, dann wissen Sie, was ich meine.

Dorothee Mücksch

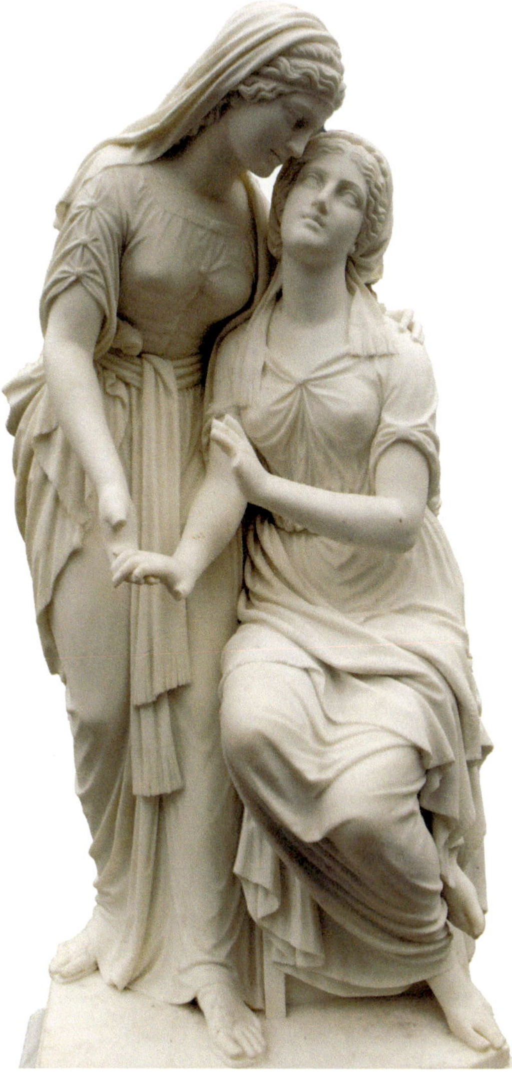

John W. Wood, Die Schwestern von Bethanien (19. Jh.)

Beiträger

Die Autorinnen und Autoren der Texte in diesem Buch kommen aus dem Umfeld der Stiftung Marthahaus, und wir haben uns auf diesen Bezug begrenzt.

Norbert Bischoff – Stiftungsvorstand

Günter Buchenau – lebt im Marthahaus

Dorothee Fuchs – Sozialpädagogin im Marthahaus

Beate Gienke – Unterstützerin aus der Partnergemeinde

Friedhelm Kasparick – Pfarrer in der befreundeten Paulusgemeinde

Norbert Kreis – Geschäftsführer

Eva Lange – leitende Pfarrerin der Evangelischen Frauen in Mitteldeutschland

Dorothee Mücksch – lebt im Marthahaus

D. Jutta Noetzel – Pfarrerin in der benachbarten Domgemeinde

Dr. Dieter Reiher – lebt im Marthahaus

Birgit Schuster – Vorständin der Stiftung

Curt Stauss – Pfarrer, Unterstützer, Angehöriger

Dr. Eva Wipplinger – Kulturhistorikerin, lebt im Marthahaus

Danke an alle, die an diesem schönen Projekt mitgewirkt haben. Ein besonderer Dank geht an Dieter Reiher und Dorothee Mücksch, die zusammen mehr als 170 Jahre Klugheit eingebracht haben. Und ein großes „Danke“ an die Evangelischen Frauen in Mitteldeutschland (EFiM) sowie die Evangelische Verlagsanstalt (EVA) für die wohlwollende Begleitung unseres kleinen Projekts.

Wie es zu diesem Buch kam

Im Sommer 2024 lud ich Dorothee Mücksch und Dieter Reiher ein, an einer kleinen Sammlung von Martha-Bildern mitzuwirken. In einer selbstverlegten Hausbroschüre wollten wir bekannte und weniger bekannte Darstellungen der Martha in der bildenden Kunst zusammenstellen. Was ganz klein anfing, entpuppte sich bald als zügig heranwachsendes Projekt. Dieter Reiher und Dorothee Mücksch entdeckten immer mehr und immer originellere Bilder zum Thema. Und mir wurde schnell bewusst, dass es selbst bei einem hausinternen Druck (wir haben hier eine Marthahauszeitung) urheberrechtliche Probleme geben könnte. Außerdem sprach sich das Ganze herum. Da das Marthahaus einen großen Unterstützer- und Freundeskreis hat, meldeten sich aus diesem Umkreis Menschen, die an dem Thema interessiert waren und ihre Mitwirkung anboten. Das war der Zeitpunkt, zu dem ich die Evangelische Verlagsanstalt Leipzig anrief und um Rat fragte. Die Verlagsleitung sagte sofort: Wir sind interessiert, übernehmen das Ganze und machen ein Buch. Welche Erleichterung!

Was dieses Buches nicht so gut abbilden kann, das sind die intensiven Diskussionen, die generationenübergreifenden Streitgespräche und Verständigungsprozesse. Wir haben den Martha-Mythos mit Freude und Gewinn bearbeitet. Es wäre schön, wenn sich zwischen den Bildern und Zeilen ein kleiner Teil davon mitteilen würde.

Norbert Kreis

Abbildungsnachweis

Peter **Aertsen,** Festmahl im Hause des Lazarus (1553), Ausschnitt, Standort: Museum Boijmans Van Beuningen, Rotterdam, gemeinfrei

Alessandro **Allori,** Christus bei Maria und Martha (1625), Kunsthistorisches Museum Wien, © KHM-Museumsverband

Joachim **Beuckelaer,** Küchenszene, mit Jesus im Haus von Martha und Maria im Hintergrund (1569), Quelle: Rijksmuseum, Amsterdam, gemeinfrei

Hans **Burgkmair d. Ä.,** Christus bei Maria Magdalena, Martha und Lazarus (1510), Holzschnitt, Quelle: Deutsche digitale Bibliothek / Georg-August-Universität Göttingen, Kunstgesch. Seminar und Kunstsammlung der Universität (https://creativecommons.org/licenses/by-sa/4.0/)

I. D. **Campbell,** Mary und Martha (2019), © I. D. Campbell (idcampbell.com)

Michelangelo Merisi da **Caravaggio,** Martha und Maria (ca. 1598), Standort: Detroit Institute of Arts, gemeinfrei

Julius Schnorr von **Carolsfeld,** Christus im Hause der Martha und Maria (1860), © Quagga Media / Alamy Stock Foto

Lucas **Cranach d. Ä.,** Detail des Magdalenenaltars (1520), © bpk / Bayerische Staatsgemäldesammlungen

Corinne **Güdemann,** Acht Frauen (2019), zweiteilige Arbeit, Therwil, Kirche St. Stephan, © Corinne Güdemann

Brevier von **Isabella von Kastilien,** St. Martha (spätes 15. Jh.), Handschrift auf Pergament, © Album / British Library / Alamy Stock Foto

Jacob **Jordaens,** Christus im Haus von Martha und Maria von Bethanien (undatiert), Standort: Palais des Beaux-Arts, Lille, Frankreich, gemeinfrei

Elisabeth **Kelvin,** Martha and Mary (2020), © Elisabeth Kelvin (https://ko-fi.com/lismusart)

Rocco **Marconi,** Christus im Hause von Martha und Maria (undatiert), Standort: Hermitage Museum, St. Petersburg, gemeinfrei

Johann Friedrich **Overbeck**, Christus bei Maria und Martha (1815), © akg-images

James He **Qi** (Nanking), Jesus im Hause der Martha und Maria (2002), © James He Qi (www.heqiart.com)

Bettina Caroline Germaine **Rheims**, Das Mahl bei Martha und Maria (1998), © VG Bild-Kunst, Bonn 2025

Karl **Schmidt-Rottluff,** Jesus bei Martha und Maria (1919), © bpk / Städel Museum

Jacopo **Tintoretto,** Christus bei Maria und Martha (ca. 1580), © bpk / Bayerische Staatsgemäldesammlungen

Wolf **Traut** (?), Marthaaltar: Martha und die Zähmung des Drachen, Nürnberg, unbek. Künstler, vermutl. um Wolf Traut (1517), Quelle: Fotografie des Marthaaltars der St.-Lorenz-Kirche in Nürnberg

Diego **Velázquez,** Jesus im Haus von Martha und Maria (1618), Quelle: National Gallery London, online collection, gemeinfrei

Jan **Vermeer van Delft,** Christus bei Maria und Martha (1655), © bpk / National Galleries of Scotland, Dist. GrandPalaisRmn

Hans **Vredeman de Vries,** Christ in the House of Martha and Mary (1566), Standort: Museum aan de Stroom, Antwerpen, gemeinfrei

John W. **Wood,** Die Schwestern von Bethanien (19. Jh.), © William Arthur / Alamy Stock Foto